Günter Figal

Japanbilder

Günter Figal

Japanbilder

Aus einem anders vertrauten Land

Für Antonia
In Liebe

Ein freundschaftlicher Dank an Hideki Mine und Mari Moh – für so vieles. Und ein herzlicher Dank an meine Frau Antonia Egel, ohne die dieses Buch in der vorliegenden Gestalt nicht fertig geworden wäre.

Bilder sind vielfältig. Es gibt gemalte, gezeichnete, photographierte, auf dem Bildschirm erzeugte Bilder, ebenso Standbilder. Auch gibt es Bilder, die nicht hergestellt, also ‚gebildet' und derart als wahrnehmbare Dinge realisiert sind, nämlich Phantasie- oder Erinnerungsbilder. Immer jedoch sind Bilder entweder solche, die man sich macht, oder solche, die sich eingeprägt haben, willkürliche oder unwillkürliche Bilder also.

Willkürliche Bilder sind subjektiv. Sie sind vor allem dadurch bestimmt, wie man etwas betrachtet und weniger durch das Betrachtete selbst. Wird ein Bild hingegen durch das Objekt der Betrachtung bestimmt, ist es objektiv. Dann ist etwas von ihm selbst aus zum Bild geworden, indem es sich einprägt, manchmal so stark, dass man es nicht mehr vergisst.

Beides, das Bild, das man sich macht, und das Bild, das sich einprägt, kann eigens gestaltet werden. Dann wird es im Malen, Zeichnen oder Photographieren oder auch sprachlich, etwa in einer Beschreibung, als ein allgemein zugänglicher Gegenstand der Betrachtung, realisiert.

Sich ein Bild machen, das ist gleichbedeutend damit, etwas möglichst klar erfassen zu wollen, meist um sich eine Orientierung oder einen Überblick zu verschaffen. Dabei lässt man vieles von dem, was gesehen werden könnte, weg und achtet nur auf Aspekte, von denen man meint, dass sie wichtig sind. Man hat eine Vorstellung davon, wie oder wozu das Gesehene wichtig sein könnte, so dass ein Bild, das man sich macht, durch diese Vorstellung bestimmt ist. Mehr oder weniger bewusst, trägt man eine Vorstellung an das, was man sieht, heran. Die Vorstellung ist dann wie ein Filter, der absorbiert, was ihr nicht entspricht.

Sich ein Bild zu machen, ist oft unvermeidlich. Um in einer Situation handeln zu können, muss man sich auf das Handlungsrelevante konzentrieren, besonders dann, wenn schnell etwas zu tun ist, etwa bei Gefahr oder in einem Notfall. Doch selbstgemachte Bilder können auch problematisch sein, und sie sind es immer dann, wenn sie das Verständnis des bildhaft Gesehenen erschweren oder gar verhindern. Ist das Bild, das man sich macht, zu einseitig oder zu schematisch, entgeht möglicherweise etwas, das wichtig gewesen wäre, um das, was man sieht, richtig einzuschätzen. Manchmal sind nachträgliche Korrekturen möglich. Man nimmt sie vor, um sich ein besseres Bild zu machen. Aber so verlässt man die subjektive Einstellung zu dem, was man sieht, nicht.

Korrekturen an einem gemachten Bild vorzunehmen, ist leichter, wenn man etwas vor Augen hat, und schwieriger bei Phantasiebildern. Bei solchen Bildern gibt es nichts, das die subjektiven Vorgaben relativieren könnte, und entsprechend können diese allein bestimmen, was ins Bild passt. Korrigierbar sind Bilder eigentlich nur, wenn man sie mit dem, was sie zeigen, vergleicht und so auch die Klischees erkennt, die sie enthalten. Dann sieht man, ob Bilder vereinfachend und plakativ sind, und man sieht auch, dass die Dinge reicher sind als die Bilder, die man sich von ihnen gemacht hatte. Möglicherweise versteht man, dass man gründlicher hinsehen müsste als bisher.

Trotzdem können Bilder, die man sich gemacht hatte, beeindrucken, vor allem, wenn sie etwas zu erklären beanspruchen und sachliche Autorität suggerieren. Das gilt wohl besonders, wenn etwas komplex und schwer zu überschauen ist, so bei Ländern und ihren Kulturen – Denkweisen, Künsten und Lebensformen. Und es gilt erst recht bei Ländern, die als besonders ‚fremd' und ‚anders' gelten.

JAPAN ist ein solches Land, immer noch, oft sogar ein Modellfall für das ebenso rätselhaft anziehende, manchmal auch seltsame und vielleicht sogar unheimliche ‚Fremde'. Dabei ist Japan durchaus modern, kein Land, das besonders ‚exotisch' wäre, eines vielmehr, in dem man außerordentlich zivilisiert lebt. Und wirklich fremd kann das Land auch nicht sein, denn es ist im ‚Westen' schon lange präsent. Ohne Impulse aus Japan wäre die ‚westliche' Kunst und Kultur der Moderne nicht, was sie ist. Die westliche Moderne ist in vieler Hinsicht japanisch.

So hat die japanische Holzschnittkunst die französische Malerei des 19. Jahrhunderts geprägt, indem sie neue Möglichkeiten des Bildaufbaus erschloss. Ohne die traditionelle japanische Architektur wäre die mit Frank Lloyd Wright beginnende moderne Architektur des ‚Westens' undenkbar. Die reduzierte Kunst von Agnes Martin, Ad Reinhardt, Robert Rauschenberg, Richard Tuttle gäbe es nicht ohne die japanische Ästhetik der Einfachheit, der Einfluss von Kalligraphie und Tuschmalerei auf Künstler wie Mark Tobey, Franz Kline oder Robert Motherwell ist offensichtlich, und Carl Andre entdeckt die Verwandtschaft seiner horizontalen Skulpturen mit japanischen Kiesgärten. Kleider von Issey Miyake oder Rei Kawakubo mit ihrer Marke *Comme des* Garçons sind stilprägend, und kaum ein Chef der gehobenen Küche verzichtet noch auf Miso, Wasabi oder Yuzu. Der Kult um Manga ist international.

All dies kann man sich klarmachen, aber es befreit nicht unbedingt von den gängigen Bildern. Japan, die Überzeugung hält sich, ist ‚anders', und besonders hartnäckig hält sie sich oft, wenn man sie nicht erläutern kann. Das spricht für die Suggestivkraft der Bilder – vielleicht will man sie gar nicht loswerden. Wahrscheinlich sind sie attraktiv, weil sie die Dinge übersichtlich machen. Ist man überzeugt, dass etwas unzugänglich ist, ‚fremd', nur ‚von außen' und also ‚exotisch' zu sehen, muss man sich nicht weiter auf es einlassen. Außerdem hat man ein klares Bild davon, was ‚das Eigene' ist – es ist das Verständliche und Vertraute, das im Kontrast zum Fremden und Anderen steht. Dabei kann das Fremde, Exotische etwas sein, zu dem man Distanz hält, aber auch ein Sehnsuchtsbild, eines, in das man projiziert, was am ‚Eigenen' angeblich fehlt. Es kann das Befreiende sein, das, wie man hofft, aus der Befangenheit im Eigenen herausführt.

Hōnen-in ist ein Tempel am östlichen Rand von Kyoto. Man erreicht ihn über den Philosophenweg, *tetsugaku-no-michi*, einen Weg unter Bäumen an einem Gewässer entlang, den der Philosoph Kitarō Nishida liebte – daher der Name. An diesem Weg liegt der Tempel jedoch nicht. Irgendwann muss man nach rechts abbiegen und ein Stück bergauf gehen. Ein kleines Schild aus Holz zeigt den Weg. Nach einer Weile erreicht man den Vorplatz des Tempels. Es ist ein ruhiger Ort, denn meist ist der Tempel für Besucher geschlossen.

Martin Heidegger ist nie dort gewesen, auch nicht der „Fragende", als welcher der Autor in seinem *Gespräch von der Sprache* auftritt und der

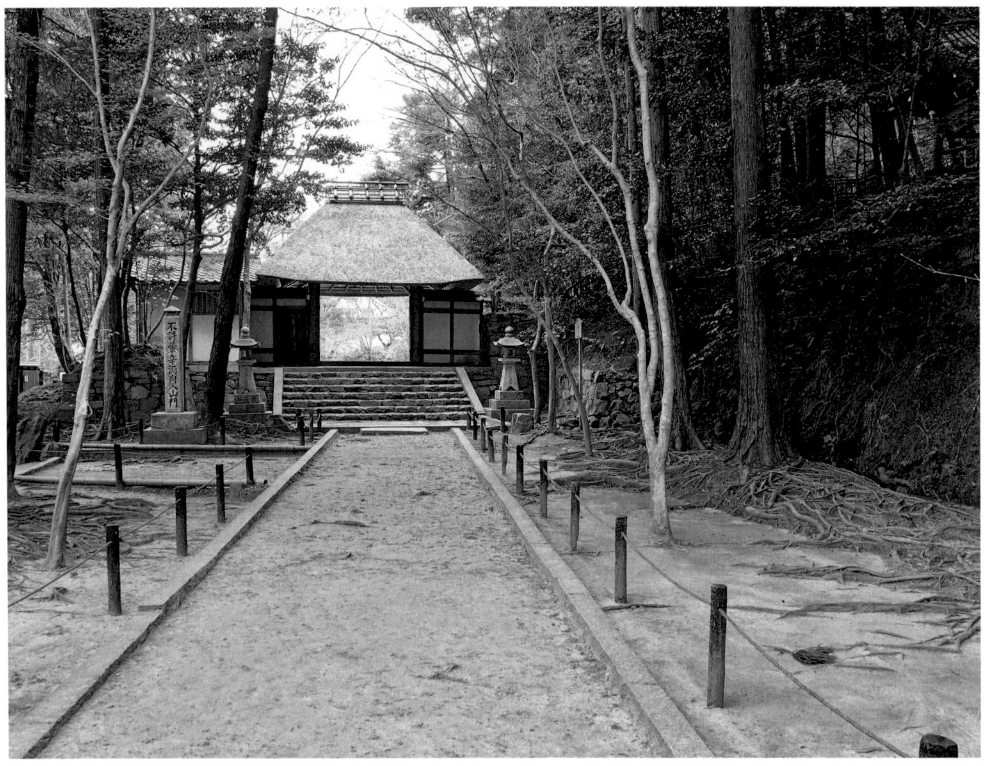

1.Honen-in, Eingangstor, Kyoto

eher ein Fragender heißt, als dass er ein Fragender wäre. Er hat sehr feste Meinungen - besonders zur Philosophie des früh verstorbenen Shūzō Kuki. Kukis Grab ist auf dem zu Honen-in gehörenden Friedhof. Deshalb kommt der Tempel im *Gespräch von der Sprache* vor.

Kuki war dem „Fragenden" gut bekannt. In den zwanziger Jahren hatte Kuki sich acht Jahre lang in Europa aufgehalten und auch in Marburg bei Heidegger studiert. Englisch, Deutsch und Französisch beherrschte er sehr gut, letzteres so gut, dass er auf Französisch publizieren konnte. Doch der Gast aus Japan hat, wenn man dem „Fragenden" glaubt, in Europa seine Zeit vertan. Kuki habe versucht, „das Wesen der japanischen Kunst mit Hilfe der europäischen Ästhetik zu betrachten", und eine solche Betrachtung müsse „dem ostasiatischen Denken im Grunde fremd bleiben".[1] Außerdem

1 Martin Heidegger, „Aus einem Gespräch von der Sprache", in: Heidegger, *Unterwegs zur Sprache*, Gesamtausgabe 12, Herausgeben von Friedrich Wilhelm von Hermann, Frankfurt am Main 1985, 82.

werde mit ihr „das eigentliche Wesen der ostasiatischen Kunst verdeckt und in einen ihr ungemäßen Bezirk verschoben".[2]

Demnach sind die europäische Philosophie und die „ostasiatische Kunst" klar getrennte Bereiche, und die europäische Philosophie trägt deshalb zum Verständnis der „ostasiatischen Kunst" nichts bei. Ob diese chinesisch, koreanisch oder japanisch ist, macht offenbar keinen Unterschied, denn in jedem Fall verhindert das europäische Denken ein Verständnis, das nur „ostasiatisch" sein könnte. Entsprechend erscheint der Gesprächspartner des „Fragenden" zwar nicht als Ostasiate, doch als „Japaner" – allein als Repräsentant seiner Kultur, die verdeckt wird, sobald sich „alles in das Europäische"[3] verlagert. Dabei müsste der „Fragende" wenigstens fragen, wie das Gespräch geführt werden könnte, wenn der Japaner nicht – als Literaturwissenschaftler, der Kleist und Heidegger ins Japanische übersetzt hat –, hervorragend Deutsch spräche. Wären das ‚Europäische' und das ‚Japanische' so voneinander getrennt, wie der „Fragende" annimmt, wäre das *Gespräch von der Sprache* unmöglich.

Das Gespräch nimmt eine überraschende Wendung. Wie sich zeigt, kommt es dem „Fragenden" auf die strikte Trennung von Europäischem und Ostasiatischem oder Japanischem nicht deshalb an, weil er sich mit dem Europäischen identifiziert. Im Gegenteil – er hat einen Vorbehalt gegen die „europäische Ästhetik" und möchte aus dem europäischen Denken heraus. So wird das Andere, anscheinend so Unzugängliche der „ostasiatischen Kunst" zum Sehnsuchtsort eines anderen Denkens.

Das ist erstaunlich, zumal der „Fragende" sagt, dass ihm „der japanische Sprachgeist verschlossen" geblieben sei.[4] Dennoch zeichnet er unbeirrt das eigene Denken in sein Japanbild hinein. Er lässt „den Japaner" eine Erläuterung des Wortes geben, das im Zentrum von Kukis ästhetischen Überlegungen steht. *Iki,* so der japanische Gast, bedeute „das reine Entzücken der rufenden Stille".[5] Das wiederum nimmt der „Fragende" auf, indem

2 Heidegger, „Aus einem Gespräch von der Sprache", 97.

3 Heidegger, „Aus einem Gespräch von der Sprache", 85.

4 Heidegger, „Aus einem Gespräch von der Sprache", 85.

5 Heidegger, „Aus einem Gespräch von der Sprache", 134.

er vom „Ereignis der lichtenden Botschaft der Anmut" spricht.[6] Hat man sich, von Sprachgeist zu Sprachgeist, doch verständigen können?

In Heideggers *Gespräch von der Sprache* vielleicht, aber von der Sache her kaum. Kuki hätte sich über „das reine Entzücken der rufenden Stille" sehr gewundert. Wie er in seiner dem Ausdruck *iki* gewidmeten Abhandlung gezeigt hat, ist die Bedeutung des Wortes vielfältig und auch im Japanischen nur in einem Feld verwandter und kontrastiver Ausdrücke zu erschließen.[7] Annäherungsweise lässt sich jedoch sagen, dass *iki* so viel bedeutet wie eine zurückhaltende Eleganz, eine erotisch getönte Art von geschmackvollem Understatement.

Das wäre Heidegger nicht exotisch genug gewesen. Mit dem „Entzücken der rufenden Stille" möchte er sich anderswohin versetzen – in „das Bezaubernde der japanischen Welt", das „in das Geheimnisvolle entführt".[8] Heideggers Japan ist Gegenwelt zu Europa und der europäischen Philosophie, eine Welt, deren Bild er selbst formt, indem er alles Europäische außer dem eigenen Denken aus ihr verbannt – seine eigene japanische Welt.

Noch nicht einmal die Grabschrift Kukis darf in dieser Eigenwelt sein, was sie ist. Kukis Lehrer Nishida habe sie geschrieben und „über ein Jahr lang an dieser höchsten Ehrung für seinen Schüler gearbeitet".[9] Verschwiegen wird, dass auf dem Grabstein, der auf dem Friedhof des Tempels Hōnen-in steht, eine Nachdichtung zu lesen ist: von Goethes *Über allen Gipfeln ist Ruh...*

Eine Seitenstrasse, wie es sie in jeder größeren japanischen Stadt gibt. Ein paar Schritte nur entfernt von mehrspurig ausgebauten Verkehrsadern ist man wie in der Vorstadt. Die Straßen werden ruhiger und enger, es gibt kleine Läden, Imbisse und Restaurants, die auf großformatigen, an den Häuserwänden aufgespannten Transparenten für sich werben. Oft sehen

6 Heidegger, „Aus einem Gespräch von der Sprache", 135.

7 Hiroshi Nara (Hg.), *The Structure of Detachment: The Aesthetic Vision of Kuki Shūzō. With a Translation of* Iki no kōzō, Honululu 2004.

8 Heidegger, „Aus einem Gespräch von der Sprache", 99.

9 Heidegger, „Aus einem Gespräch von der Sprache", 81.

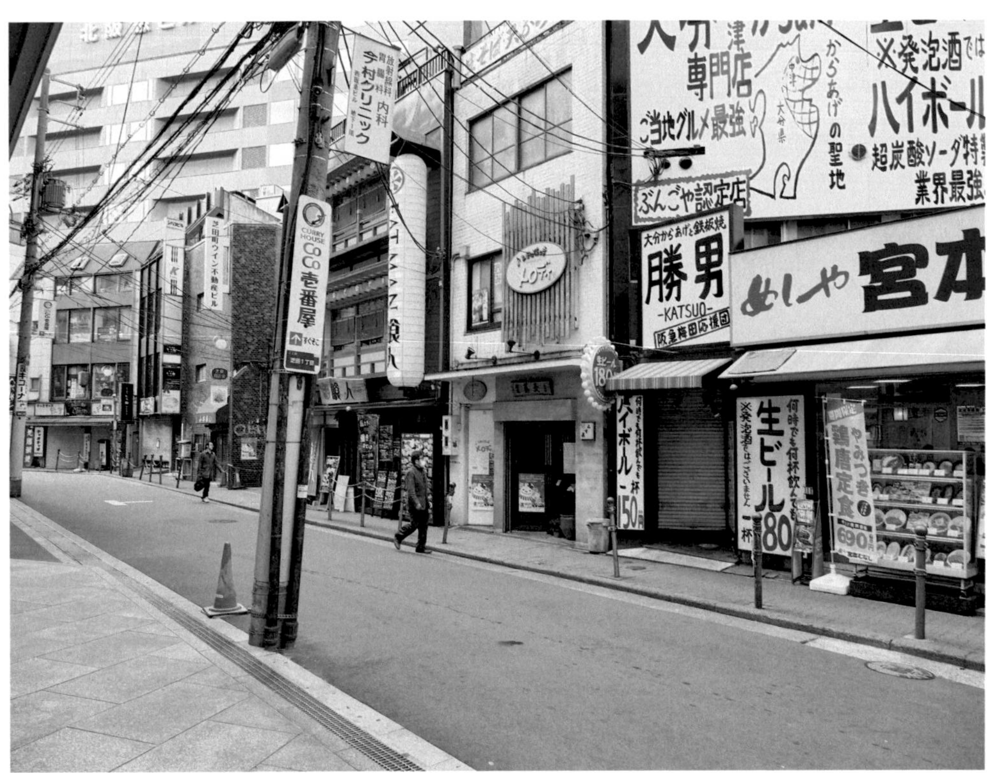

2. „Im Reich der Zeichen", Osaka

die Zeichen wie geschrieben aus, schwarz auf weißem Grund, so dass die Transparente wie vergrößerte Zettel wirken.

Ein Reisender aus Europa mag durch eine solche Straße spazieren und die Transparente betrachten, einfach so, nicht, um sich für ein Restaurant zu entscheiden. Dazu bräuchte er Hilfe, wenn er die Zeichen nicht lesen kann. Aber gerade deshalb beindrucken sie ihn. Er schaut sie immer wieder an, entdeckt immer mehr und immer wieder neue, und dann kommt die Evidenz: Ich bin im Reich der Zeichen.

So mag es Roland Barthes ergangen sein, der anders als Heidegger in Japan gewesen ist, aber in seinem berühmten Essay über das *Reich der Zeichen* trotzdem versichert, er sei an der Realität des Landes nicht interessiert. Seine Überlegungen seien vielmehr ein Spiel – der Versuch, die Idee eines ganz ungewöhnlichen Symbolsystems zu hätscheln,[10] die Idee einer unbekannten Sprache, die frei vom „Narzissmus" der westlichen Sprachen

10 Roland Barthes, *L'empire des signes*, Genf 1970, 10.

sei,[11] also nicht durch die Artikulation eines Sinns gebunden. In der Zeichenschrift sei die Sprache „leer" und darin der Leere ähnlich, die mit der Erleuchtung, *satori,* im Zen-Buddhismus verbunden sei. Schrift, für sich betrachtet, sei die Befreiung von jeglichem Sinn.[12]

Als ein Gedankenspiel mag das reizvoll sein. Doch Barthes müsste wissen, dass die Idee einer in der Schrift sinnbefreiten Sprache allein auf seiner Unkenntnis des Japanischen beruht. Und indem er das Reich der Zeichen auf das ganze Land und seine Bewohner ausweitet und überall, in jedem Bereich des Lebens, nur noch Zeichen sieht,[13] sieht er das ganze Land allein im Bild seines Gedankenspiels und vergisst, dass dieses Land so nicht ist.

Entsprechend an der Wirklichkeit vorbei zeichnet Barthes sein japanisches Wunschbild. In Japan, so versichert er zum Beispiel, gelange die Nahrung natürlich auf den Tisch, so dass jede Speise, als reines Zeichen ihrer selbst, auf den ersten Blick erkennbar ist. Ihre Zubereitung bestehe allein in der Zusammenstellung,[14] und die Zubereitung spiele sich immer vor den Essenden ab – das sei das Grundmerkmal (*marque fondamentale*) dieser Küche.[15] Offenbar hat Barthes dabei weder an Nudeln noch an Reis gedacht, gekochte Suppen scheinen ihm ebenso fremd zu sein wie *kaiseki*-Menüs, die in der Restaurantküche zubereitet und Gang für Gang serviert werden.

Auch dürfte ein Keramikkünstler, der für eine Teeschale (*chawan*) eine dem Gefäß in ihren Maßen genau entsprechende Holzkiste (*tomobako)* anfertigen lässt, erstaunt sein, von Barthes zu erfahren, dass die Teeschale dadurch ihre Existenz verliere und mit der Kiste nur ein leeres Zeichen zurückbleibe.[16] Selbst wenn die Kiste leer ist, verweist sie auf den ihr zugedachten Inhalt, denn sie ist durch den Künstler auf dem Deckel oder auf der vorderen Seite beschriftet. Man erfährt, wenn man die Schrift lesen kann,

11 Barthes, *L'empire des signes*, 10.

12 Barthes, *L'empire des signes*, 11–12.

13 Barthes, *L'empire des signes*, 19–20.

14 Barthes, *L'empire des signes*, 22.

15 Barthes, *L'empire des signes*, 31.

16 Barthes, *L'empire des signes*, 63–64.

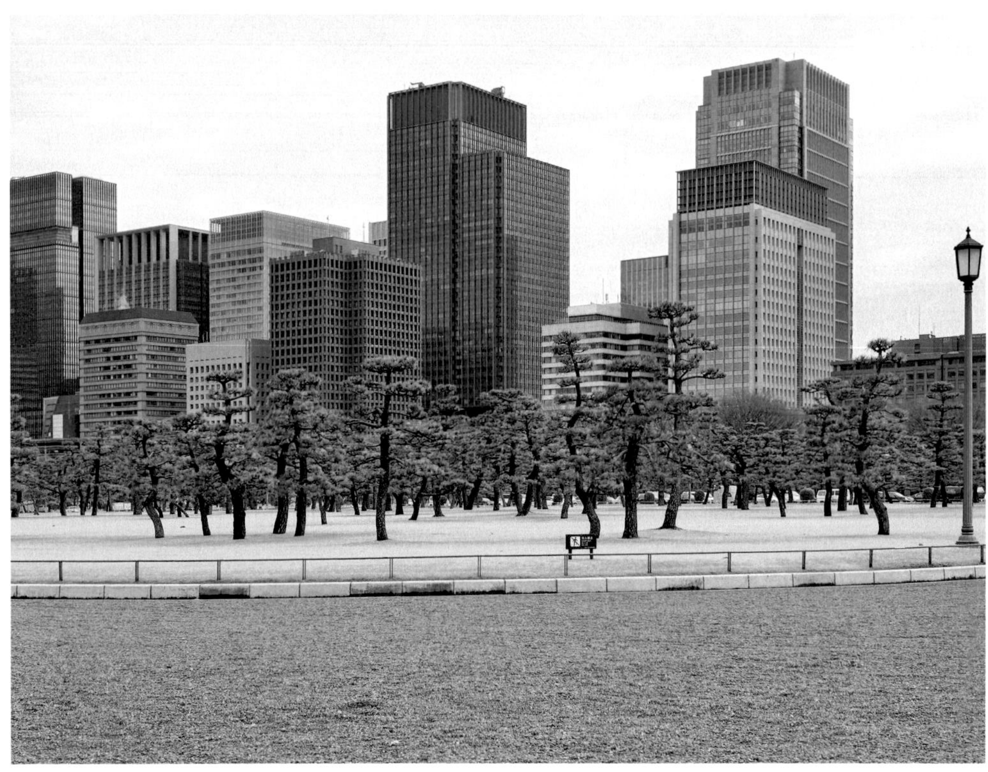

3. Kiefern in Tokyo

was die Kiste enthält, zum Beispiel eine Teeschale aus Iga, und die Signatur und das persönliche Siegel des Künstlers zeigen, von wem das Gefäß, zu dem sie gehört, gemacht wurde. Die Schrift, oft eine Kalligraphie, ist wie der Titel und die Signatur eines Gemäldes aufschlussreich, kein leeres Zeichen und also auch keine zeichenhafte Erleuchtung.

Die Kieferninseln sind eine Inselgruppe an der pazifischen Küste der japanischen Hauptinsel Honshū nördlich der Stadt Sendai. Sie gelten zusammen mit der Landzunge von Amanohashidate und Miyashima, einer Insel südlich von Hiroshima, die durch das im Wasser stehende Tor des Itsukushima-Schreins berühmt ist, zu den drei kanonisch schönsten Landschaften Japans. Zu den Kieferninseln, nach Matsushima, zieht es Gilbert Silvester, einen glücklosen, in die Jahre gekommenen Privatdozenten der Kunstgeschichte. Er hatte geträumt, seine Frau betrüge ihn, nach einem heftigen Streit hat er das Haus verlassen und am Flughafen den erstmöglichen Interkontinentalflug gebucht. So landet er in Tokyo, ohne besondere Neigung, denn Japan war dem Liebhaber von Kaffeeländern gleichgültig oder gar suspekt – offenbar wusste er nicht, mit welcher Sorgfalt man in Japan nicht nur Tee, sondern auch Kaffee zubereitet. Aber noch am Flughafen versorgt er sich mit übersetzten Klassikern der japanischen Literatur, unter anderen mit Matsuo Bashōs poetischem Reistagebuch *Oku no hosomichi – Auf schmalen Pfaden durchs Hinterland*.[17] Die Wanderung führte Bashō, den Meister des Haiku, von Tokyo, seinerzeit Edo, um die Nordhälfte von Honshū bis zurück nach Ōgaki. Silvester will nur bis Matsushima. Aber dorthin will er unbedingt, von einer diffusen Erwartung getrieben.

Gilbert Silvester ist die Hauptfigur in Marion Poschmanns Roman *Die Kieferninseln*.[18] Die Reise, auf die er sich macht, keine Wanderung, sondern eine mit öffentlichen Verkehrsmitteln und begleitet von einem lebensmüden japanischen Studenten, ist ungewöhnlich. Sie kommt nicht aus einer langjährigen Verehrung für den Dichter, sondern aus einer vagen Identifikation; wie Bashō, so überlegt er, habe auch er alles hinter sich gelassen und eine Abwendung von seinem bisherigen Leben vollzogen.

Der Kunstwissenschaftler, bis dahin ohne Neigung zur japanischen Poesie, wächst immer mehr in seine Rolle hinein. Er stört sich am „touristischen Herumstapfen in Tokyo",[19] als ob er selbst kein Tourist wäre, er beginnt, Haikus zu dichten und nötigt seinen Reisegefährten, das Gleiche zu tun. Dabei wird er allmählich zu einer Art Superjapaner, dem sein Reisegefährte nicht japanisch genug ist. „Dieser Japaner" begreift nicht, worauf es ankommt,[20] er verfügt „nicht einmal über ein Minimum buddhistischer Gelassenheit",[21] von Zen-Buddhismus hat er keine Ahnung, und überhaupt hätte Silvester „von einem Japaner" mehr erwartet.[22] Er ist genervt davon, dass die Realität, in

17 Bashō, *Auf schmalen Pfaden durchs Hinterland*, aus dem Japanischen übertragen sowie mit einer Einführung und Annotationen versehen von G.S. Dombrady, Mainz, 6. Aufl. 2016.

18 Marion Poschmann, *Die Kieferninseln*, Berlin 2017.

19 Poschmann, *Die Kieferninseln*, 100.

20 Poschmann, *Die Kieferninseln*, 86.

21 Poschmann, *Die Kieferninseln*, 107.

22 Poschmann, *Die Kieferninseln*, 83.

der er sich bewegt, nicht dem Bild, das er sich gemacht hat, entspricht, und er ist bereit, im Zweifelsfall die Realität zu übersehen. Wenn in Ueno, einem für seine Kirschbäume berühmten Stadtteil von Tokyo, die Kirschen nicht blühen, so müsse man sich die Blüte eben vorstellen, damit das Bild stimmt.[23]

Der Roman führt diese Kollision eines Bildes mit der Realität in immer neuen Situationen vor. So ist der von Bashō bedichtete Kiefernhügel von Sue ein nichtssagender Ort in einer Wohnsiedlung, der „Stein im Meer", ebenfalls bedichtet, steht in einer „trüben Brühe, die von einem Kanalzufluss gespeist wurde",[24] die Bucht von Matsushima ist von Schwimmkränen und Baugerät zugestellt, der Ort selbst ein vom Tsunami beschädigtes Küstenstädtchen. Doch als Silvester schließlich auf einer der Kieferninseln angekommen ist, der Reisegefährte ist schon seit einer Weile verschwunden, fällt für einen Augenblick aller Zwang von ihm ab, und der Ort kann einfach als er selbst gegenwärtig sein: „Dies. Dies ist. Endlich."[25]

Dichtung ist Schein und möglicherweise auch Reflexion dieses Scheins, sie ist scheinbare Realität und sie kann die Realitätsillusion aufheben. Marion Poschmann führt in ihrem Roman dieses Motiv ebenso klar wie vielstimmig durch – lyrisch, auf diskrete Weise belesen, ironisch überzeichnend und doch mit Einschlüssen japanischer Realität, als bizarre Komödie, ohne dass ihr japanreisender Don Quichote je denunziert würde. Dessen poetischen Furor löst der Roman in ein poetisches Spiel auf, bei dem die zurechtgemachten Bilder durchschaubar werden und sich auflösen wie Silvesters Reisegefährte, dieser künstliche Japaner, der nicht umsonst mit Nachnamen Tamagotchi heißt, wie die elektronischen Spielzeuge, die man als Lebewesen behandeln soll, weil sie sonst, wenn sie nicht angemessen versorgt werden, ‚sterben'.

Weil der poetisch transparente Schein keine Illusion ist, sondern ein gemachtes Bild zum Durchschauen gemachter Bilder, wird man einem Roman wie *Die Kieferninseln* auch nicht so auf den Leim gehen können wie

23 Poschmann, *Die Kieferninseln*, 86-87.

24 Poschmann, *Die Kieferninseln*, 133.

25 Poschmann, *Die Kieferninseln*, 160.

dem Gespräch „zwischen einem Japaner und einem Fragenden" oder den semiotischen Phantasien über das „Reich der Zeichen". Der Roman ist täuschungsresistent, so gut wie das ein Text nur sein kann.

Aber wie täuschungsresistent ist man selbst? Lässt sich vermeiden, dass Texte, die man gelesen, auch Filme, die man gesehen hat, sich wie ein Filter über die Realität legen, die man erlebt? Oder ist nicht immer Illusion dabei, wenn man glaubt, etwas einfach so, wie es ist, zu erleben, besonders, wenn es etwas ist, an das sich Erwartungen binden wie das von Heidegger beschworene „Bezaubernde der japanischen Welt"? Poetische Bilder dieser Welt haben selbst einen Japanverächter wie Gilbert Silvester bezaubert. Gewiss, eine Romanfigur. Aber das ist keine Antwort.

„Denk nicht, sondern schau!" Der Satz stammt von einem Philosophen, und das macht ihn erstaunlich, wenn man die Philosophie als Denkmeisterschaft versteht. Aber dass zur Philosophie wesentlich das Denken gehört, will Ludwig Wittgenstein, in dessen *Philosophischen Untersuchungen* sich der Satz findet,[26] gar nicht bestreiten. Er meint jedoch, das Schauen müsse dem Denken vorausgehen, und das Denken solle nicht die Suche nach Deutungen oder Erklärungen sein, mit denen man das Anschaubare überfällt, so dass man zu wissen glaubt, wie etwas, das man sieht, zu begreifen ist. Deutungen oder Erklärungen, die man parat hat, sind Bildelemente; sie helfen dabei, sich ein Bild zu machen, statt etwas, das man sieht, so zu sehen, wie es ist.

Wenn man sich ein Bild macht, findet man überall dort, wo das Bild auch nur irgendwie passt, dasselbe. Dann sieht man in allem das Bild – es hält, wie Wittgenstein sagt, „gefangen". Man glaubt zwar, „wieder und wieder der Natur nachzufahren", aber man „fährt nur der Form entlang, durch die wir sie" – die Natur – „betrachten".[27] Weil solche Formen, Deutungen und Erklärungen über das, was man sieht, hinwegtäuschen, fordert Wittgenstein,

26 Ludwig Wittgenstein, *Philosophische Untersuchungen*, auf der Grundlage der Kritisch-genetischen Edition neu hrsg. von Joachim Schulte, Frankfurt am Main 2003, § 66.

27 Wittgenstein, *Philosophische Untersuchungen*, § 115.

„alle Erklärung" müsse fort „und nur Beschreibung an ihre Stelle treten".[28] Betrachtet man eine Teeschale, zum Beispiel ein breites, auf schmalem Fuß stehendes, leicht unregelmäßig geformtes, mattschwarz glasiertes Gefäß, und findet zunächst keine Worte für das, was man sieht, könnte man es sich mit einer Erklärung leichtmachen und etwa sagen, die „ostasiatische" Kunst sei für Europäer mit ihren ästhetischen Begriffen unverständlich, weil diese Kunst so ganz anders sei. Warum ein Gefäß, das manchem auf den ersten und oberflächlichen Blick als keramische Anfängerarbeit gelten könnte, zu den Schätzen des Nationalmuseums in Tokyo gehört, wäre dann nicht nachzuvollziehen.

Aber es geht auch anders. Selbst wenn man über den Keramiker, der die Schale gegen Ende des 16. Jahrhunderts gemacht hat und seine Bedeutung für die Kunst der Teekeramik nichts weiß, kann man die Erklärung beiseite räumen und hinsehen, diese besondere Teeschale betrachten und einfach sehen, was man sieht, zum Beispiel die leicht unregelmäßige Form der Schale, die zwischen Offenheit und Geschlossenheit changiert, ihre Solidität und Leichtigkeit, dazu das Spiel des Lichts auf ihrer Oberfläche. Auch dass die Schale in ihrer Erscheinung eher einfach und unscheinbar wirkt, nicht virtuos und repräsentativ, doch in sich stimmig ist, kann man sehen. Gegenüber jeder möglichen Erklärung ist die Schale ein sichtbares Ding, eines, das einfach da ist, und, wenn man die Erklärungen beiseite lässt, ist es so, wie es da ist, erfahrbar. Gewiss könnte man die Schale erklären, aber sie braucht keine Erklärung. Denk nicht, sondern schau.

Dazu muss das Angeschaute wichtiger sein als man selbst. Es muss sich zeigen dürfen, auch wenn es verwundert oder irritiert. Gewiss lässt sich dabei das Besondere der eigenen Sichtweise nicht außer Kraft setzen. Man sieht nur so, wie man sehen kann; was man erfahren und gelernt hat, wird die Erfahrung, die man mit etwas macht, in der einen oder anderen Weise bestimmen. Aber die eigenen Möglichkeiten und Fähigkeiten können

28 Wittgenstein, *Philosophische Untersuchungen*, § 109.

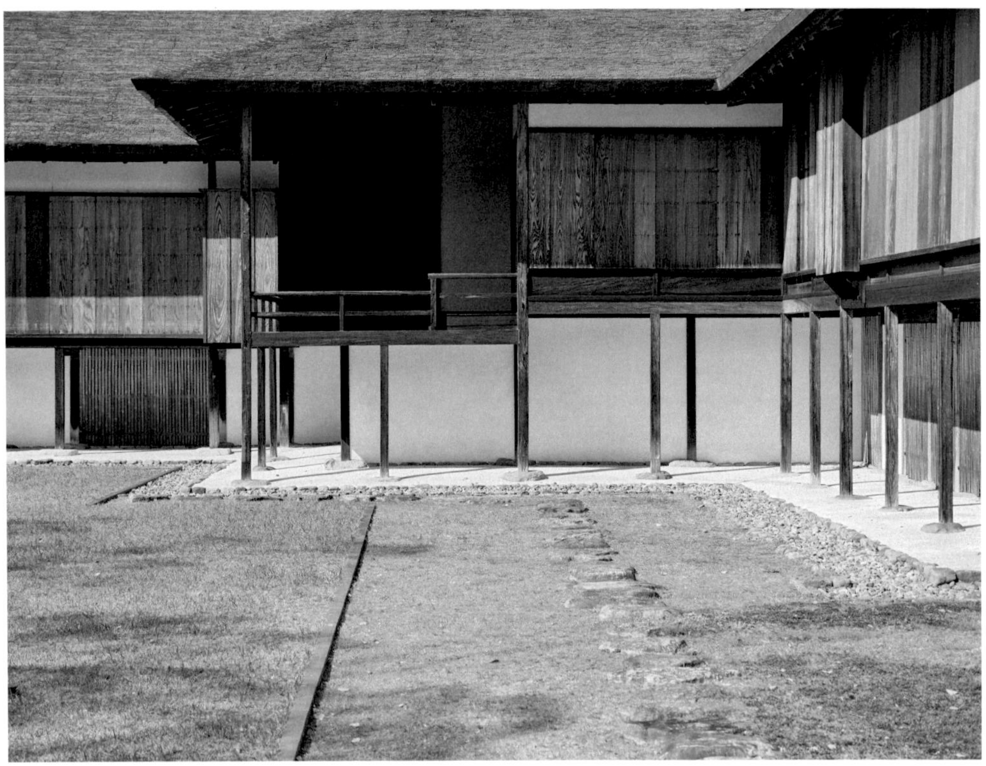

4. Katsura-rikyū, Kyoto

auch in den Dienst des Sichtbaren treten. Dann zeigt sich etwas, so, wie es sich unter den besonderen Bedingungen des je individuellen Blicks zeigen kann. Es zeigt sich selbst, und die Bilder, die man sieht, werden den Blick prägen und möglicherweise verändern.

KATSURA-RYKIŪ ist eine kaiserliche Villa am Südrand von Kyoto, die nach wie vor dem Kaiserhaus gehört, aber besichtigt werden kann. Sie wurde im 17. Jahrhundert gebaut und gestaltet, als ein Ensemble von Wohn- und Teehäusern, die in einem Landschaftsgarten platziert sind, oft so, dass sich von ihnen aus ein besonderer Blick in den Garten eröffnet. Die Gebäude sind schlicht – reduzierte klare Formen, auf den ersten Blick schmucklos, doch kunstvoll bis ins Detail.

Als Bruno Taut die Villa besuchte, war er noch nicht lange in Japan. In Deutschland war er als Architekt bekannt, ja berühmt geworden durch seine Berliner Siedlungen, so durch die Hufeisensiedlung in Britz und die

Waldsiedlung *Onkel Toms Hütte* in Berlin-Zehlendorf. Taut, nach der nationalsozialistischen Machtübernahme in Deutschland als ‚Kulturbolschewist' bedroht, floh mit seiner Lebensgefährtin Erica Wittlich auf verschlungenem Weg nach Japan – von Marseille aus mit dem Schiff über Neapel, Athen, Istanbul und Wladiwostok und von dort nach Tsuruga, nördlich von Kyoto. Den Aufenthalt in Japan hatte der mit Taut befreundete Architekt Isaburō Ueno ermöglicht, ein Vertreter der noch jungen japanischen Moderne, der in Europa unter anderem bei Josef Hoffmann studiert hatte und Taut in Japan als Reiseführer und Übersetzer half.

Katsura-rikyū war zu dieser Zeit noch nicht öffentlich zugänglich und entsprechend wenig bekannt. Doch ein Architekt wie Ueno schätzte die Bauten und fand eine Möglichkeit, sie mit Taut zu besuchen. Taut war angesprochen und begeistert – sofort, auf den ersten Blick. Einfach und klar findet er die Anlage. Mit dem Auge des Architekten bemerkt Taut die „Einheitsmaße für Höhen der Türen und Fenster"[29] und sieht zugleich, „daß die Proportionen niemals schematisch angewendet werden", so dass „die letzten Feinheiten" nicht durch Abmessen zu fassen sind.[30] Er sieht, wie fein die Materialien aufeinander abgestimmt wurden, wie das durch die *shōji*-Türen gemilderte Licht die Innenräume ruhig sein lässt, und er sieht, wie stimmig sich die Räume, wenn man die Türen beiseiteschiebt, auf den Garten hin öffnen. Begeistert davon, wie eine „Regenrinne und ein Regenabflussrohr aus Bambus ebenso gut Architekturform wie praktische Notwendigkeit" ist, kann er als „moderner Architekt" festhalten, „daß dieses Gebäude absolut modern ist, insofern nämlich, als es seine Anforderungen auf kürzestem und einfachstem Wege erfüllt".[31]

Tauts Beschreibung von Katsura-rikyū findet sich in einem Buch, das er 1933, kurz nach seiner Ankunft in Japan, geschrieben hatte und das 1934 in japanischer Übersetzung veröffentlicht wurde. Die ersten und noch frischen Eindrücke von seinem Gastland wurden und werden in Japan offen-

29 Bruno Taut, *Nippon mit europäischen Augen gesehen*, hrsg. und mit einem Nachwort versehen von Manfred Speidel, Berlin, 2. Aufl. 2015, 21.

30 Taut, *Nippon mit europäischen Augen gesehen*, 25.

31 Taut, *Nippon mit europäischen Augen gesehen*, 21.

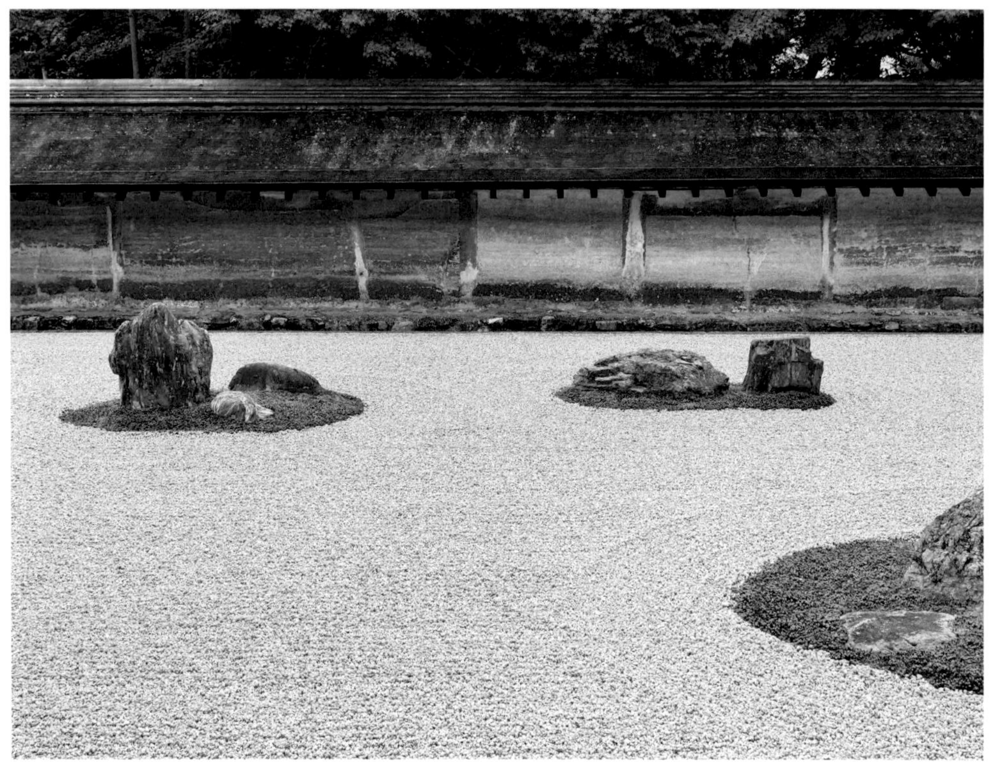

5. Ryoan-ji, Kyoto

bar gern gelesen, denn bis heute wurde *Nippon mit europäischen Augen gesehen* immer wieder aufgelegt. Erfolgreich war und ist das Buch wohl nicht zuletzt wegen seines frischen und unbefangenen Blicks. Dass Taut „mit europäischen Augen" sieht, schränkt die Klarheit dieses Blicks nicht ein. Vielmehr ist alles für ihn neu, ungewohnt und deshalb umso eindringlicher. Und er stellt keine Vermutungen an, er trägt nichts an das, was er sieht, heran, sondern lässt das Gesehene einfach so, wie es ist. Hinschauen reicht, wenn „das Auge denkt, indem es sieht".[32]

Selbst der Gedanke, dass Katsura-rikyū „absolut modern" sei, ist kein dem Bauwerk aus dem 17. Jahrhundert aufgezwungener Anachronismus. Vielmehr ergibt er sich aus der anschaulichen Einfachheit der Architektur und daraus, dass Taut als „moderner Architekt" gelernt hat, im Bauen auf das Einfache zu achten. Die Einfachheit von Katsura-rikyū kommt ihm

32 Taut, *Nippon mit europäischen Augen gesehen*, 26.

anschaulich entgegen; sie ist evident, und da wäre es künstlich, zwischen dem modernen Bauen im Westen und diesem japanischen „Palast" einen Abgrund der Verschiedenheit zu behaupten. Taut kann das Einfache in seiner Wesensverwandtschaft mit der modernen westlichen Architektur auch dort sehen, wo es ganz anders erscheint. Und er weiß, dass er mit Katsura-rikyū etwas Besonderes beschreibt, zwar die Vervollkommnung des traditionellen Wohnhauses, aber kein Muster, das für alle Wohnhäuser gilt. Er weiß, schon kurz nach seiner Ankunft, dass es in Japan nicht nur die Schönheit des Einfachen, sondern auch Kitsch gibt. *Nippon mit europäischen Augen gesehen* gibt kein Idealbild, noch nicht einmal ein Gesamtbild, sondern viele Bilder. Taut schaut einfach hin und beschreibt.

RYŌAN-JI, der Tempel des freundlichen oder friedlichen Drachen, liegt im Nordwesten von Kyoto. Zu ihm gehört der wohl berühmteste japanische Garten – hat man je einen Bildband über die ‚Schönheiten Japans' durchblättert oder ein Reisemagazin, so hat man wahrscheinlich Abbildungen dieses Gartens gesehen. Für Kyoto-Reisende ist der Garten ein Muss, weshalb er meist sehr gut besucht ist. Es ist ein Meditationsgarten, von einer Terrasse an der vorderen Längsseite aus zu betrachten. Doch viele Besucher meditieren nicht, sie photographieren.

Dabei lässt sich der Garten kaum in ein Bild fassen, erst recht nicht mit starken Weitwinkelobjektiven. Das querliegende Rechteck des Gartens, eine geharkte Kiesfläche von etwa zehn auf dreißig Metern, in die fünf Steingruppen zu je drei Steinen gesetzt sind, ist von keinem Standpunkt aus als Ganzes zu erfassen. Selbst wenn man auf der Terrasse des Tempels an der vorderen Längsseite des Gartens in der Mitte sitzt, entzieht sich ein Teil der Kiesfläche dem Blick. So macht der Garten die Weite der Kiesfläche erfahrbar, auch ihre Leere, die durch Steingruppen akzentuiert wird. Der freie Raum zwischen diesen ist vielleicht wichtiger als die Steine selbst und ebenso die leere Mitte der Kiesfläche, die den Blick in sich hineinzieht.

Ryoanji ist der Titel einer Komposition von John Cage, die zwischen 1983 und 1985 entstanden ist – einundzwanzig Jahre, nachdem Cage während einer Konzertreise den Garten zum ersten Mal besucht hatte. Und im Jahr 1983 begann Cage eine Serie von Zeichnungen, deren Titel ebenfalls den Namen des Tempels aufnimmt. Die Serie – Cage setzt sie bis zu seinem Tod im Jahr 1992 fort, am Ende sind es nicht weniger als 170 Blätter, – heißt *Where R = Ryoanji*.

Der Titel ist zu entschlüsseln, wenn man versteht, wie die Zeichnungen zustande kamen. Den fünfzehn Steinen des Gartens entsprechend, wählte Cage fünfzehn Steine aus, die er nach den Vorgaben des I Ching-Orakels auf Blättern von handgemachtem Japanpapier nach den Vorgaben eines dem Papier unterlegten Koordinatenblattes verteilte. Die Abmessungen der Blätter nehmen die Proportionen der Kiesfläche des Gartens annähernd auf. Dann ließ er sich vom Orakel sagen, wie viele Linien er insgesamt um die Steine herum ziehen sollte und in einem letzten Schritt, mit wie vielen Bleistiften verschiedener Härtegrade diese Linien gezogen werden sollten. So steht zum Beispiel der Einzeltitel eines Blatts, das „12R/6" benannt ist, für 12 x 15 Linien mit sechs Bleistiften. Demnach steht der Buchstabe ‚R' für die Zahl 15; R ist der fünfzehnte Konsonant im Alphabet. Spricht man den Serientitel, *Where R* auf Englisch aus, so klingt das ‚R' genauso wie ‚are', und berücksichtigt man beides, den Buchstaben und seine englische Aussprache, kann der Serientitel bedeuten: ‚Wo 15 sind, ist Ryoanji'.[33]

Jede von Cages Zeichnungen wäre demnach eine neue Realisierung des Gartens von Ryōan-ji selbst, keine Skizze dessen, was Cage bei seinem lange zurückliegenden Besuch gesehen hat. Die Zeichnungen bilden nicht den Garten aus dem Gedächtnis ab, noch nicht einmal so, dass sie sich abstrahierend auf Grundelemente beschränkten. Cage schafft vielmehr etwas Neues, indem er auf dem Zeichenpapier wiederholt, was beim Anlegen des Gartens gemacht worden war. Er setzt Steine, nicht willkürlich, in einer ihm warum auch immer einleuchtenden Anordnung, sondern indem er sich die Anordnung vorgeben lässt und so jede Absicht bei der Steinsetzung ausschließt. Aber nicht auf die Steine kommt es an, sondern auf die Linien, die

33 Corinna Thierolf (Hg.), *John Cage: Ryoanji. Catalogue Raisonée of Visual Artworks Vol. 1*, München 2013, 17.

mit verschiedenen Bleistiften um die Steine herum nach den Vorgaben des Orakels gezogen werden. Dabei entstehen geschlossene, auch offene, kräftige oder zarte, einander mehr oder weniger überlagernde Formen. Sie sind Leerstellen der Steine und ebenso deren sichtbar gewordene Kraftfelder, die über das Papier, das leer wie die geharkte Kiesfläche des Gartens ist, ausstrahlen.

Bei seiner *Ryoanji*-Musik ist Cage ähnlich wie bei den Zeichnungen verfahren. Die Stücke für Oboe, Flöte, Kontrabass, Posaune oder Singstimme, jeweils mit Schlagzeug oder einem Orchester, das seine Instrumente wie Schlagzeug verwendet, sind dadurch auf den Garten bezogen, dass die Solopartien an Steinen entlang als Kurven in die Partitur gezeichnet sind, so dass sie buchstäblich den Steinen folgen, während die Instrumentengruppe diesen Solobewegungen den Grund gibt, von dem sie sich abheben.

Cage hat im Garten des *Ryōan-ji* vor allem die Steine gesehen. Mit diesen konnte er selbst etwas anfangen, immer wieder neu, wie seine fortwährende zeichnerische Beschäftigung mit ihnen zeigt. Hat er sich über den Garten selbst Gedanken gemacht? Zumindest keine, die zu irgendwelchen Deutungen geführt haben. Wohl auf der Terrasse des Tempels sitzend, Zen-geübt wie er war, hat er hingeschaut, wohl eher unwillkürlich, und daraus sind Antworten auf das Gesehene entstanden, die verschieden vom Gesehenen sind und es sein dürfen.

Das MUSEUM OF ORIENTAL CERAMICS in Osaka hat eine der schönsten Sammlungen des Landes. Man sieht makellose chinesische Stücke, vor allem Yuan und Song, wenige, doch besondere alte japanische und vor allem Keramik aus Korea, Gefäße in unendlichen Abwandlungen von Blau und Grün aus der Goryeo-Zeit, grau-weiße, oft mit Zeichnungen in Schwarz, aus der Joseon-Zeit. Bevor man in die meist sehr ruhigen, auf Betrachtung gestimmten Ausstellungsräume kommt, mag man im Foyer eine kleine in die Wand eingelassene Vitrine entdecken. Sie birgt eine Schale, konisch, leicht geschwungen, in zwei verschiedenen Tonfarben, gebrochen Weiß und grünlich Braun, spiralförmig nach oben gezogen.

Man könnte sich fragen, warum sie dort ist, nicht als Schaustück exponiert, doch, gleich im Eingangsbereich zu sehen und so diskret hervorgehoben. Die Schale ist nicht ‚orientalisch', sie stammt von Lucie Rie, deren Gefäße im Jahr 1989 hier ausgestellt waren, und von daher ist sie im Museum geblieben. Lucie Rie hatte öfter in Japan ausgestellt, aber diese Ausstellung war sehr besonders. Initiiert von Issey Miyake und gestaltet von Tadao Ando, präsentierte sie, zuerst in der Sōgetsu Galerie in Tokyo und dann in Osaka, Ries Gefäße auf einem flachen Wasserbecken. Wie auf Inseln standen sie dort, frei statt in Vitrinen, mit viel Zwischenraum, auf Abstand, und das muss ihre Erscheinung noch intensiviert haben.

Die Schale, die man im Foyer des Museums entdecken kann, wirkt nicht japanisch. Sie ist ohne Anklänge an Gefäße aus traditionellen japanischen Keramikorten, ‚Öfen', und auch sonst nicht zuzuordnen. Sie ist einfach sie selbst, wie auch die anderen Gefäße von Lucie Rie, die in Tokyo und Osaka zu sehen waren.

Gerade das mag Miyake gefallen haben, als er Ries Keramik für sich entdeckte. Als Designer, der den Schnitt von Kimonos in moderne Kleidung übersetzen konnte, ohne die traditionellen Gewänder zu imitieren, hatte er dafür wohl den richtigen Blick. Ries Gefäße wirken im Zusammenhang japanischer Keramik zum Beispiel aus Mino, Shigaraki, Iga oder Karatsu nicht fremd. Zwar sind sie ruhiger in der Form als viele japanische Gefäße – Schalen mit anmutigem, nur leicht unregelmäßigem Schwung, Vasen, die schlank nach oben geführt sind, oft mit langem Hals und sich flach weitender, trompetenartiger Lippe. Wenige Gefäße lassen an die weiße, cremig wirkende Shino-Glasur denken, aber die meisten Oberflächen sind anders – kunstvoll gestaltet, oft mit feinen, in Sgraffito-Technik ausgeführten Linien markiert. Doch Lucie Ries Gefäße sind ähnlich selbstverständlich und zurückhaltend wie solche aus japanischen Öfen, auch ähnlich ausbalanciert zwischen Solidität und stillgestellter Dynamik, als ob sie miteinander verwandt wären, in einer Weise, die sich kaum an Einzelnem festmachen lässt und vielleicht darum besonders evident ist.

Lucie Rie hat nicht immer solche Gefäße gemacht. Nachdem sie an der Kunstgewerbeschule ihrer Heimatstadt Wien eine Ausbildung zur Keramikerin abgeschlossen hatte, nahm sie japanische Gefäße zum Vorbild. Manche ihrer Schalen aus dieser Zeit sehen auf den ersten Blick wie Teeschalen (*chawan*) aus, aber bald sieht man, was sie von solchen unterscheidet. Mit ihren kontrastreichen Glasuren und elaborierten Formen sind sie zu wenig selbstverständlich; sie sind nicht entstanden, sondern gemacht. Weil es ein Vorbild gab, mussten sie gemacht sein.

Als Österreich nationalsozialistisch wurde, musste Lucie Rie fliehen. Sie ging nach London und baute sich dort eine neue Existenz als Keramikerin auf. Von den japanischen Vorbildern wurde sie frei, und ihre Gefäße wurden anders, so wie beschrieben. Weil sie nicht mehr japanisch sein sollen, können sie japanischen Gefäßen verwandt sein.

Als Lucie Rie in ihrer Wiener Zeit japanische Gefäße oder Abbildungen von solchen betrachtet hatte, wird sie sehr genau hingesehen haben. Vielleicht etwas zu genau, und vor allem zu absichtsvoll. Sie wollte etwas, nämlich selbst Gefäße machen, solche oder ähnliche, und so mag sie in dem, was sie sah, schon das, was sie wollte, gesehen haben. Nachdem sie in der Londoner Zeit ihre eigenen Möglichkeiten der Gefäßkunst gefunden hatte, konnte sie wohl auch die ehemaligen Vorbilder anders anschauen, ohne Absicht, also unwillkürlich und frei.

Cage hatte es mit dem Garten des *Ryōan-ji* leichter. Als er diesen besuchte, hatte er mit dem, was er sah, gar nichts vor. Die Idee zu seiner dem Garten gewidmeten Komposition und zu seinen Zeichnungen kam ihm erst deutlich später. Und was hätte Taut, gerade in Japan angekommen, mit *katsura-rikyū* vorhaben sollen? Er konnte nur hinschauen und sehen, was er sah – die Stimmigkeit und Schönheit der Anlage, die Gebäude in ihrer Klarheit, die er „absolut modern" fand, dem verwandt, was er kannte, aber kein Vorbild, mit dem er etwas anfangen wollte.

Damit etwas möglichst so, wie es ist, erfahren wird, sollte man demnach frei von Absichten sein, ohne fokussierte Aufmerksamkeit, weil man sich sonst von dem, was man sieht, ein den Absichten entsprechendes

Bild macht. Wahrscheinlich hat Taut so auf den Garten und die Häuser von *katsura-rikyū* geschaut, als er die Anlage zum ersten Mal sah. Er kannte ja nichts, worauf er sich richten sollte, und sah auf diese Weise, ohne es in allen Einzelheiten zu erfassen, ein Ganzes.

Aber ein derart unfokussierter Blick muss nicht vom Reichtum des Neuen geweckt oder gar überwältigt werden. Er kann auch eher beiläufig sein, ein wenig unaufmerksam sogar, ein Blick ohne Erwartung. Das wäre ein alltäglicher Blick, ein Blick auf Wegen, die man öfter geht. Eben darum könnte sich ein Ganzes einprägen, eines ohne scharfe Ränder und vielleicht in manchem diffus – weniger ein Bild als ein Grund, aus dem Bilder wachsen können. Ein derart alltäglicher Blick lässt die Dinge allmählich bekannt und dann auch vertraut werden.

Eine solche Vertrautheit kommt nicht aus der Routine des immer gleichen Tuns. Sie ergibt sich aus dem, was einen umgibt. Deshalb können aus ihr auch Erfahrungen von Einzelnem kommen, vielleicht sogar Einsichten. Verglichen mit einer derart gewachsenen Erfahrung ist die gezielte Besichtigungsreise immer nur eine zweitbeste Lösung. Wenn man an einem Ort leben, über längere Zeit hinweg wohnen kann, tritt einem das, was man erfährt, von sich aus entgegen – zunächst das Alltägliche, immer wieder Gleiche, aber dann, weil es sich im Zusammenhang des Alltäglichen und vertraut Gewordenen erschließt und nicht gesucht wird, sondern sich zeigen kann, das andere auch.

Kotoen, man spricht es ‚Kotó-en', ist ein Teil von Nishinomiya, einer Stadt, die wiederum zum dicht bewohnten Großraum Osaka gehört. Kotoen liegt an der Hankyu-Bahn, an der Strecke zwischen Nishinomiya-Kitaguchi und Takarazuka, genauer zwischen Mondo-yakujin und Nigawa. Das sind Namen, die sich beim Zugfahren einprägen. Die Hankyu-Bahn bestimmt Kotoen, während die Züge von Japan Railways, deutlich entfernt, durch das Zentrum von Nishinomiya fahren, und sie bestimmt den Ort anders als der Shinkansen, der in einem auf hohen Stützen geführten Betonband über den Ort rast, so dass etwa alle zehn Minuten ein scharfes Rauschen zu hören

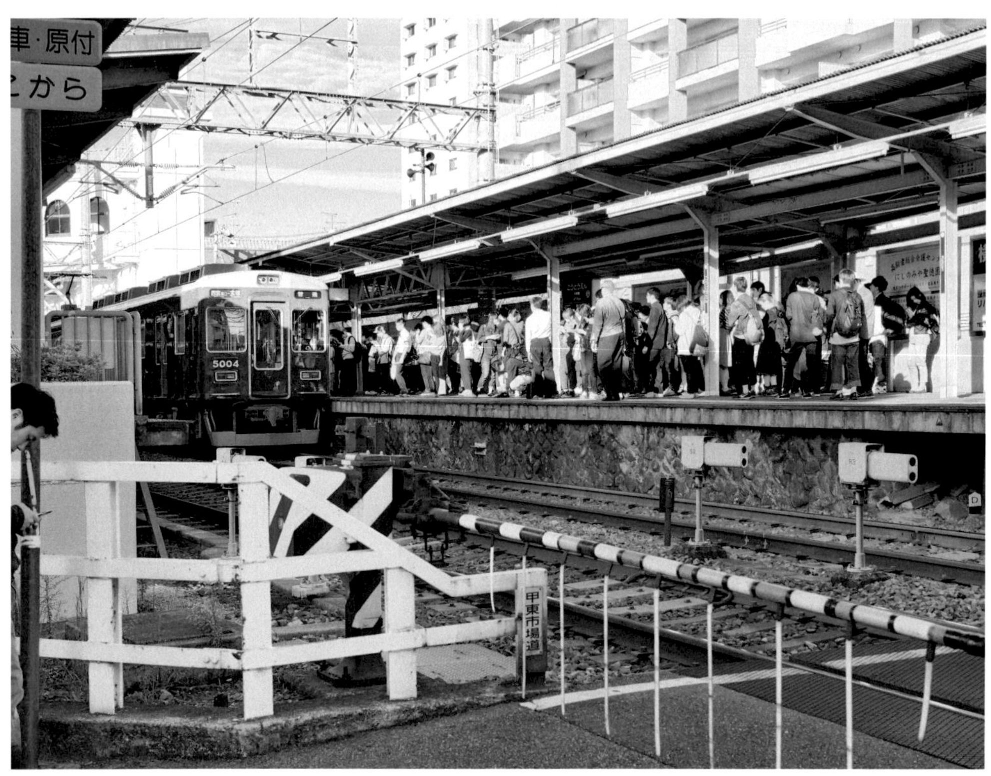

6. Hankyu-Bahnhof Kotoen, Nishinomiya

ist. Doch während die Trasse des Shinkansen eine urbane Herausforderung ist, in den Ort hineingerammt und bedenkenlos über Wohnhäuser geführt, bildet der Hankyu-Bahnhof das Zentrum. In ihm und um ihn herum gibt es Supermärkte und andere Läden, Reinigungen, zahlreiche Friseure, auch kleine Restaurants, Bankfilialen. Und direkt neben dem Bahnhof sind Bushaltestellen, von denen aus man weiterfahren kann, zum Beispiel eine recht steile Straße hinauf nach Kamikotoen, zum oberen Ortsteil.

Hankyu-Bahn und Busse sind ein effizientes Transportsystem für Berufspendler, von denen übrigens nicht wenige während der Zugfahrt tief schlafen und trotzdem gerade rechtzeitig zum Aussteigen aufwachen. In Kotoen am Bahnhof, auch im Bus oder auf der nach Kamikotoen führenden Straße, fallen jedoch vor allem die Schüler auf, morgens und am späten Nachmittag. Sie tragen Uniform, meist dunkelblaue Blazer, Hemd oder Bluse mit Krawatte, graue Flanellhosen oder -röcke. Die Schülerinnen gewinnen dieser Kleidung individuelle Akzente ab, indem ihre weißen

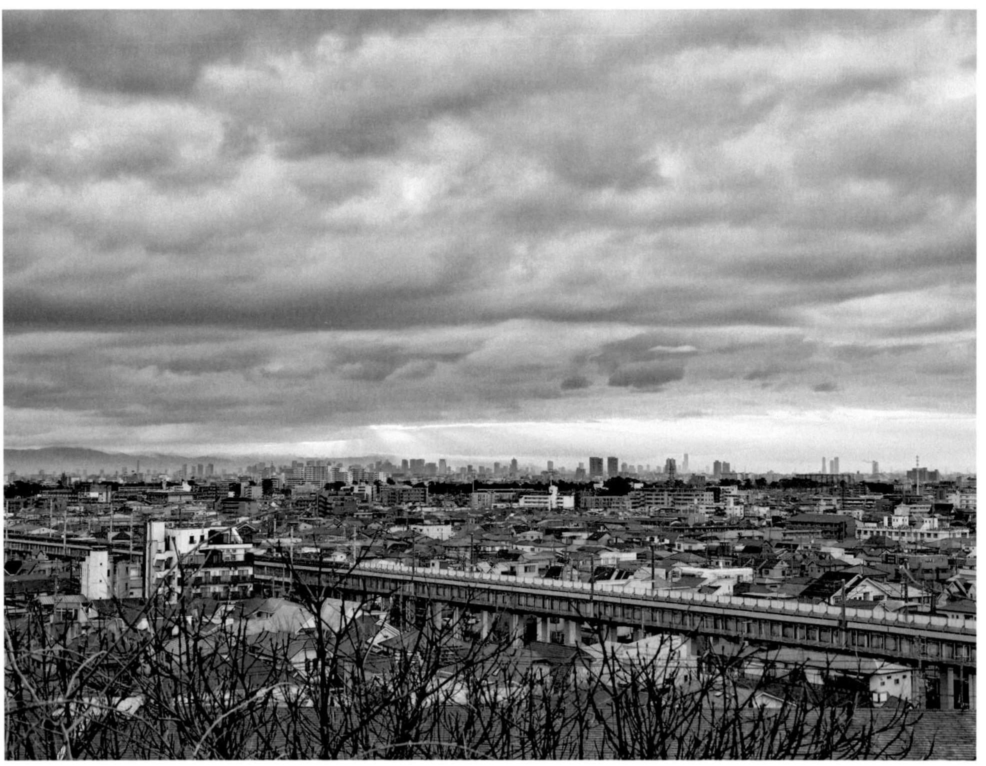

7. Kotoen, im Hintergrund Osaka

Kniestrümpfe unregelmäßig wie eine Ziehharmonika nach unten streifen. Beliebt ist es auch, die Träger der großen, schwer aussehenden Rucksäcke möglichst lang einzustellen, so dass die Last über der Hüfte statt auf dem Rücken hängt. An Samstagen sind die Rucksäcke meist durch große Sporttaschen ersetzt. Auch sieht man dann Pfeilköcher und Bögen, solche, wie sie schon auf Darstellungen aus der Heian-Zeit, sie dauerte 794 bis etwa 1190, zu sehen sind. Die Bögen sind sehr lang, über zwei Meter, weshalb der Griff deutlich nach unten versetzt ist.

Neben den Schülern, die zur High School und Junior High School oder von dort zum Bahnhof unterwegs sind, sieht man Studenten der Kwansei Gakuin Universität, auch von ihnen morgens und nachmittags die meisten. Die Universität liegt am Rand von Kamikotoen, sie gehört schon zum nächsten Ort, Uegahara. Man sieht ihr Hauptgebäude im spanischen Kolonialstil am Ende eines weitläufigen Parks – ein beliebter Hintergrund für Hochzeitsphotos. Hinter der Universität sieht man höhere Berge, und ginge

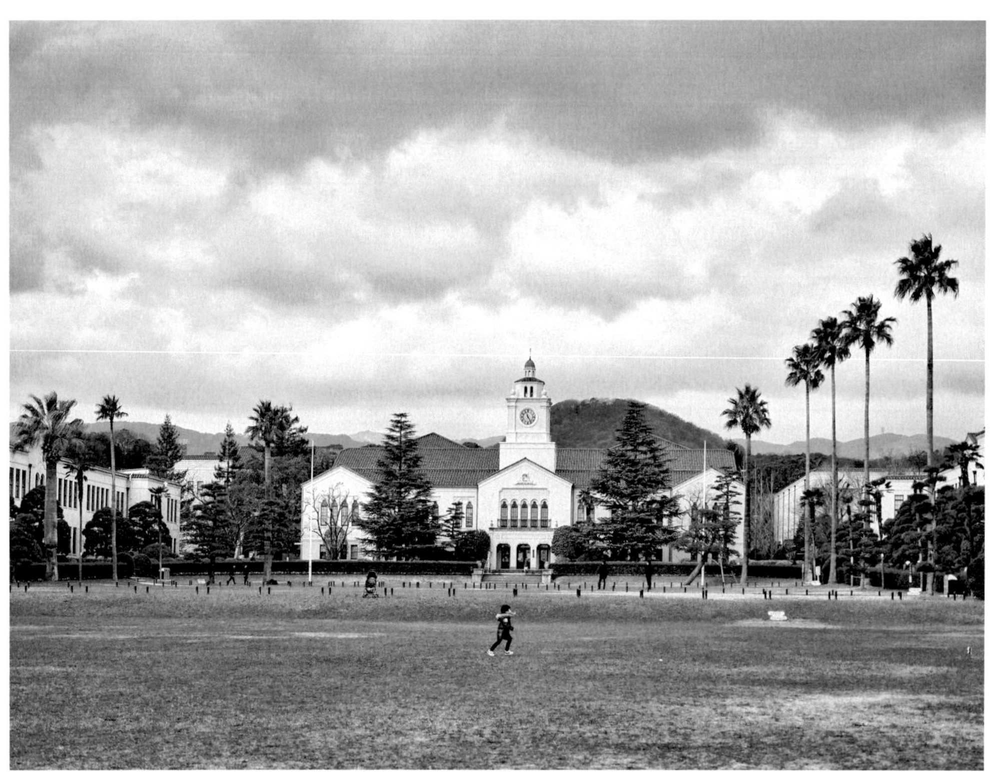

8. Kwansei Gakuin University, Hauptgebäude, Uegahara

man lange genug auf sie zu, käme man recht unvermittelt in dichten Wald. Zwischen Stadt und Natur, eng besiedelter Ebene und Wildnis verläuft eine klare Grenze. Auf einem der Berge liegt ein Tempel, dessen Glocke man gelegentlich hört. Wenn man den Weg dorthin findet und die Höhe ersteigt, schaut man weit über die Osaka Bay.

Kōtō alley, ein Name offenbar. Er ist gleich mehrfach auf einem Haus in Kotoen, recht nah beim Bahnhof, zu lesen. Das Haus, ein Geschäftshaus, in dem auch eine Kindertagesstätte eingerichtet ist, fällt auf. Zum Bahnhof hin liegt eine ruhige, leicht gerundete Seite mit vier symmetrisch angeordneten Fenstern und einem mittigen Eingang, doch um die Ecke sieht man eine Fassade, die hinter ihrer Gestaltung beinah als Fassade verschwindet. Einer klobigen Betonkonstruktion, dem vorgehängten Rahmen eines großen Fensters, kontrastieren der in die aufgebrochene Fassade nach innen

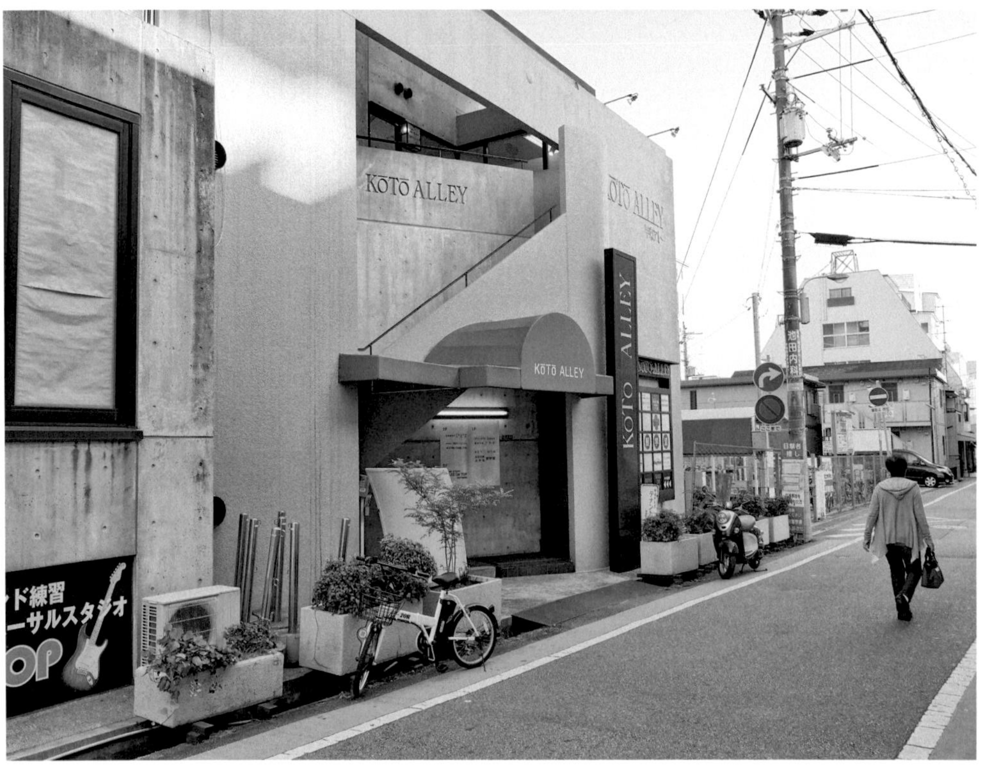

9. Koto Alley, Kotoen

gezogene, gut sichtbare Eingang und eine recht weit vorn ins Obergeschoss führende Treppe. Die Fassade ist hellblau, über den Eingang spannt sich ein Vordach mit kleinem Tonnengewölbe in der Mitte.

Auch wenn man die sichtbar gelassenen Rödellöcher an den Betonteilen bemerkt hätte, käme man wohl nicht so leicht darauf, dass der Bau von Tadao Ando ist, 1977 fertiggestellt. Doch das Reihenhaus in Sumiyoshi, einem Stadtteil von Osaka, das Ando berühmt machte, war ein Jahr früher gebaut worden – ein schmaler Bau, in dessen Betonfassade zur Straße hin die Eingangstür nach hinten versetzt ist. Im Inneren liegt zwischen den vier auf zwei Stockwerken angeordneten Räumen ein nach oben offener Innenhof, so dass jeder Weg von einem Raum in einen anderen durchs Freie führt. Wer an dieses Haus denkt, kann von der verspielten Fassade von Kōtō Alley und der recht konventionellen Innengestaltung überrascht sein. Aber es ist ein Haus von Ando, kein Meisterwerk, vielmehr ein früher Auftrag, an dem man die Gestaltungsmöglichkeiten des Architekten eher ahnt als sieht.

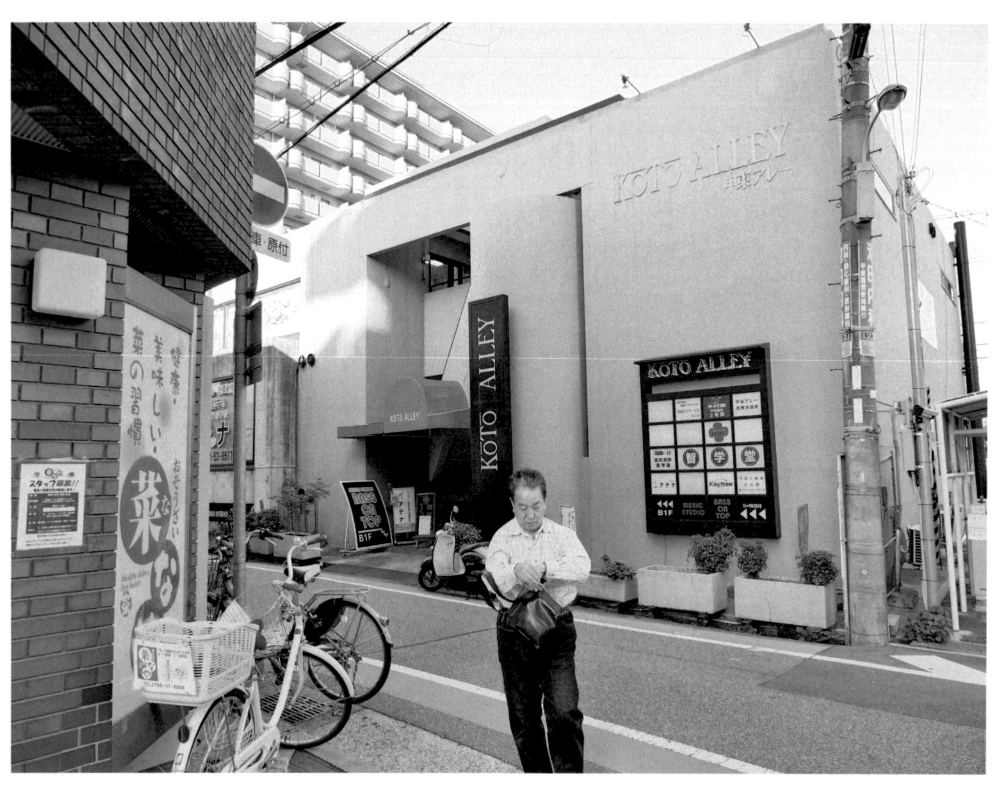

10. Koto Alley, Kotoen

Ando stammt aus Osaka. Dort arbeitet er, in einem vier Stockwerke hohen Raum, in dessen Mitte unten sein Zeichentisch steht. Die Bindung an Osaka erklärt, weshalb viele seiner Bauten, gerade der früheren, in der Region zu finden sind. Der junge Architekt ohne Examen – darin vergleichbar dem von ihm verehrten Le Corbusier – wurde zunächst vor allem durch private Auftraggeber gefördert. So entstanden zum Beispiel das Yamaguchi-Haus in Takarazuka und das Koshino-Haus in Ashiya, zwischen Osaka und Kobe, in dem man Andos frühe Baukunst gut kennenlernen kann – das für die Modedesignerin Hiroko Koshino entworfene Haus ist nicht mehr bewohnt, die Hausherrin stellt dort ihre Gemälde aus. Enge Treppenhäuser und Gänge führen in Räume, deren Weite subtil durch den Lichteinfall akzentuiert wird. Und die Räume kommunizieren mit dem Draußen, so dass der bewohnte Raum sich im Freien fortsetzt, ähnlich wie in traditionellen japanischen Häusern bei geöffneten *shōji*-Türen. Überhaupt nimmt Ando in seinen Bauten die traditionelle Architektur auf und realisiert deren Elemente

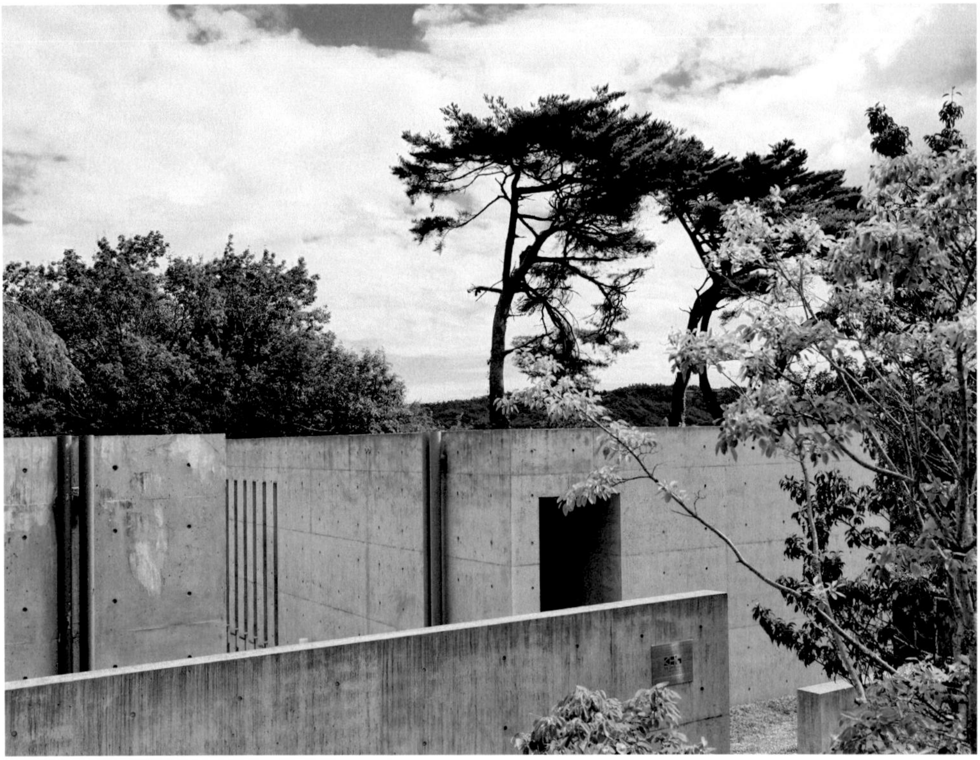

11./12. Koshino-Haus, Ashiya

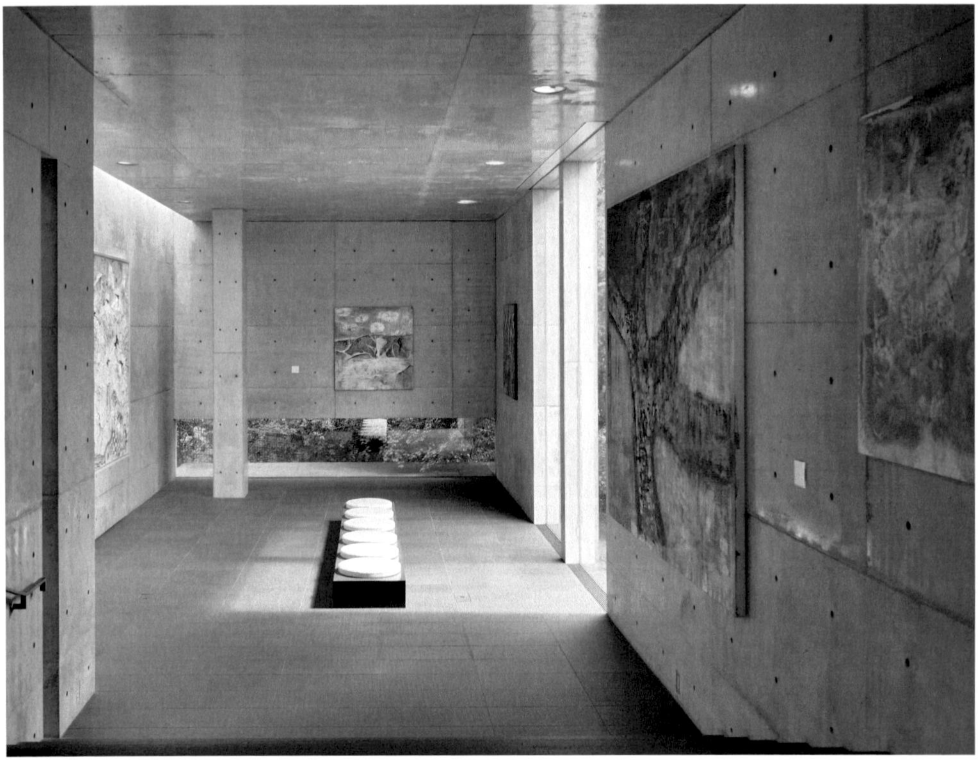

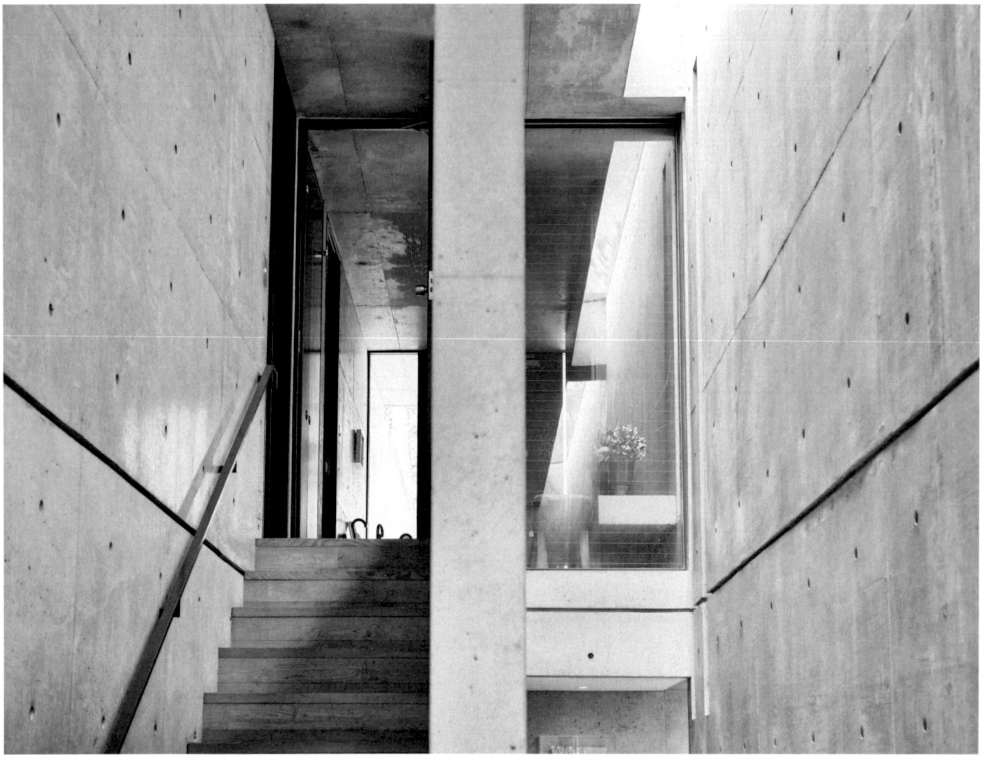

13./14. Koshino-Haus, Ashiya

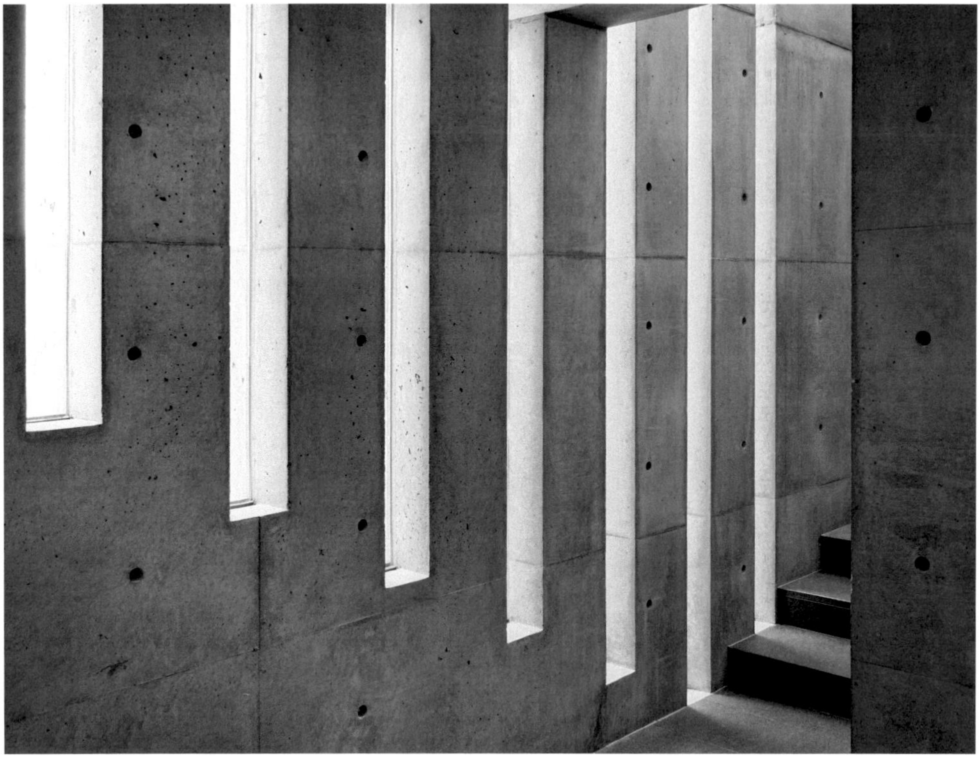

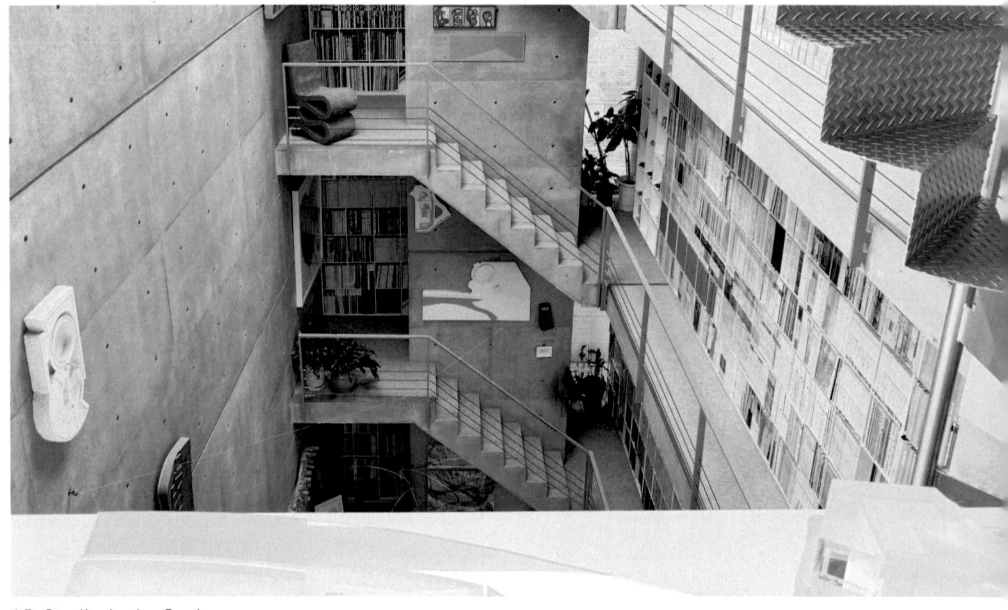

15. Studio Ando, Osaka

mit seinen Mitteln. So haben die seine Bauwerke prägenden Betonelemente im Allgemeinen die Abmessungen von Tatamimatten, also jenen Matten aus Reisstroh, die die Böden traditioneller Häuser bedecken und das Maß für die Raumgröße bilden. Andos Baukunst ist traditionell ohne Imitation des Traditionellen, sie ist modern ohne betonte Distanz zur Tradition.

KANSAI – das ist die Region ‚westlich der Grenze', deren Zentren Osaka, Kobe und Kyoto sind. ‚Östlich der Grenze' liegt Kanto, die von Tokyo bestimmte Region. Gern wird betont, wie verschieden die beiden Regionen seien. Der Dialekt sei anders, in Kansai bevorzuge man Tee aus Uji, während man in Kanto den aus Shizuoka trinke. Und gewiss war die Verlegung der Hauptstadt im Jahr 1603 von Kyoto nach Edo, dem heutigen Tokyo, eine Zäsur. Das Kaiserhaus verlor endgültig seine Macht, die Herrschaft der Tokugawa-Shōgune begann, und das Land isolierte sich. Die Kunst wurde üppiger und unterhaltsamer. So gesehen, kann die Region ‚östlich der Grenze' als weniger traditionell erscheinen, als oberflächlicher und vergnügungsorientiert. Man kennt diese Welt vor allem aus Darstellungen der sich in der Edo-Zeit etablierenden Holzschnittkunst, die, von ihrem Thema, nicht von der Technik her bestimmt, *ukiyo-e* heißt, das sind Bilder der ‚fließenden', flüchtigen Welt. Sie vor allem haben das Bild, das man sich in Europa und den USA vom traditionellen Japan machte, geprägt.

Noch im 20. Jahrhundert nahm man die Grenze zwischen dem alten Westen und dem neuen Osten durchaus ernst. So schildert Jun'ichirō Tanizaki in seinem in den späteren dreißiger Jahren spielenden Roman über die Schwestern Makioka, welche Zumutung es für eine Frau aus angesehener – wenngleich wirtschaftlich recht angeschlagener – Kaufmannsfamilie in Osaka war, ihrem Ehemann aus beruflichen Gründen nach Tokyo zu folgen. Das ist inzwischen wohl anders.

Sasameyuki, ‚leicht fallender Schnee', der Originaltitel von Tanizakis Roman, ist übrigens nicht nur ein Bild für Yukiko, die dritte der vier Makioka-Schwestern, sondern auch eines für fallende Kirschblüten und ihre vergängliche Schönheit, ein Frühjahrsbild, das dem Herbstbild des tiefrot gefärbten Ahorns entspricht und das besondere Vergnügen assoziiert, die in ihrer Vergänglichkeit schönen Kirschblüten zu betrachten – *hanami* ist das japanische Wort dafür. Auch bei noch wenig frühlingshaften Temperaturen setzt man sich, in Kansai und Kanto, mit Picknick versorgt, unter die Bäume und freut sich an den Blüten, einfach daran, dass sie da sind, jetzt da sind – ein Fest der ästhetischen Kontemplation, bei dem der Andrang an beliebten Orten so groß ist, dass der Picknickverkehr durch Ordner geregelt werden muss.

Kawaramachi ist eine Straße in Kyoto, aber auch die nach der Straße benannte Endstation der Hankyu-Bahn aus Richtung Osaka. Verlässt man den unterirdischen Bahnhof zu Fuß, so kommt man an der Lebensmittelabteilung von Takashimaya vorbei – hier fände man japanische und ebenso importierte Waren in Fülle. Draußen steht man auf der Shijō-dōri, ‚*dōri*' bedeutet Straße, und muss sich entscheiden. Man könnte einen Bus nehmen und zu den berühmten Tempeln auf der Ostseite der Stadt fahren – Nanzen-ji, Eikan-dō, Ginkaku-ji, und dann weiter über Kinkaku-ji auf die Westseite zum Ryōan-ji. Man könnte sich auf der Shijō-dōri nach rechts wenden, unter den Arkaden die Schaufenster betrachten, nach einer Weile den Fluss, Kamogawa, überqueren, dabei nach Norden auf die Berge schauen und sehen, wohin der Weg einen auf dem Ostufer des Flusses führt. Man kann jedoch ebenso nach links gehen und nach ein paar hundert Metern rechts in eine überdachte Passage einbiegen. Der Nishiki-Lebensmittelmarkt ist hier nicht weit, eine enge überdachte Straße mit Geschäften für Fisch, Meerestiere, Obst und Gemüse, Süßigkeiten verschiedener Art. Auch Küchengerät und ein Fachgeschäft für Messer gibt es hier. Hält man sich geradeaus, nach Norden also, kommt man irgendwann in die Teramachi-dōri, eine eher schmale Straße, in der es besondere Geschäfte und Kunstgalerien gibt, auch solche nur für Keramik. Außerdem findet man Spezialgeschäfte – solche für Lackwaren, für Papier, für Tuschpinsel in jeder Größe, auch ein Geschäft, in dem man die speziell zum Erhitzen des Teewassers im Teeraum gefertigte Holzkohle bekommt. Ein Geschäft mit Bambuswaren, wo man Essstäbchen kaufen konnte, die selbst ein einzelnes Reiskorn greifen, gibt es nicht mehr.

TERAMACHI MARUTAMACHI – diese Kreuzung fällt auf, im Unterschied zu denen, die man bis dahin auf dem Weg durch die Teramachi in einem Raster engerer Straßen passiert hatte. Die kreuzende Straße, Marutamachi, ist deutlich breiter als die zuvor überquerten, sie ist recht befahren, und auf der ihr gegenüberliegenden Seite ist eine hohe Mauer zu sehen. Diese zieht sich nach links und, etwas von der Straße versetzt, im rechten Winkel anschließend, nach Norden die Teramachi entlang. Die Mauer umschließt Kyōtogyoen, einen sehr weitläufigen Park, der sich als Rechteck mit seiner schmalen Seite nach Norden erstreckt. Der Park birgt hinter weiteren Mauern im Innern den ehemaligen Kaiserpalast, Gosho, und einige andere Gebäude.

Vielleicht sucht man nach einem Tor, um in den Park zu gelangen, und wendet sich deshalb nach links. Bleibt man auf derselben Straßenseite, kommt man bald an einem traditionellen zweistöckigen Haus vorbei. Oft stehen um die Mittagszeit Leute davor, manche sitzen auch auf einer einfachen Holzbank, Wartende, wie es scheint, denn sie haben sonst nichts zu tun. Der nur die obere Türhälfte bedeckende, in der Mitte geöffnete leichte Vorhang, das japanische Wort ist *noren,* zeigt an, dass man vor einem Restaurant steht. Es heißt, wie man herausfinden kann, Hanamomo, und serviert werden Soba, Nudeln aus Buchweizen etwa in der Größe von etwas kürzeren Spaghettini. Sie müssen in diesem Restaurant sehr gut sein, denn sonst würde man wohl nicht warten.

Wofür man vor Hanamomo ansteht, sind nur Soba, mit wenigen Beilagen. Es gibt nichts anderes, selbst Udon, ebenfalls lange, doch dickere Weizennudeln, wie sie in der Gegend von Osaka üblich sind, wären in einem guten Soba-Restaurant undenkbar, und ebenso undenkbar wäre es, dass man in einem Sushi-Restaurant etwas anderes als Sushi bekommt. Auch dass man vor einem Restaurant wie Hanamomo wartet, ist normal. Man geht zum Essen dorthin, nicht zu ausgedehnter Geselligkeit, so dass bald ein Platz frei wird. Und Restaurants wie dieses sind oft klein. Im Erdgeschoss von Hanamomo gibt es einen großen Tisch, an dem sechs Personen bequem Platz finden, im Obergeschoss sind noch einmal vier Plätze an einer Art Fensterbank und höchstens acht an zwei niedrigen Tischen.

Soba, wie man sie dort bekommt, sind von Hand gemacht. Der Teig wird dünn ausgerollt, mit einem langen Messer in sehr dünne Streifen geschnitten, in einem großen Kessel gekocht und dann entweder warm oder kalt serviert – warm in einer fein gewürzten Brühe aus Thunfischflocken und Kombu-Algen, Dashi, die auf Wunsch mit geriebener Yamswurzel, einer Scheibe gebratenem Tofu, Kizune, oder einem süß-sauer eingelegten Fisch angereichert werden kann. Kalt bekommt man Soba auf einem Bambussieb, von dem aus man mundgerechte Portionen in eine Soße aus Dashibrühe, Sojasoße, Reisessig, Frühlingszwiebel und etwas grünem Meerrettich, Wasabi, taucht und dann isst. Schlürfen ist nicht nur erlaubt, sondern gehört dazu. Bei kalter Soba kann die Soße zum Abschluss mit dem heißen Kochwasser zu einer Suppe verlängert werden. Alles schmeckt vorzüglich, weil die Zutaten sehr gut sind, nicht weniger jedoch, weil der Koch – man sieht ihn, mit einem Tuch um den Kopf gebunden, in der kleinen Küche hantieren – sich auf das, was er tut, besonders gut versteht. In der Konzentration auf eine Art von Gerichten ist jeder Handgriff unzählige Mal gemacht und sicher geworden. Was diese einfache Küche prägt – und jede aufwendigere zumal – ist das durch Übung und Sorgfalt bestimmte Handwerk.

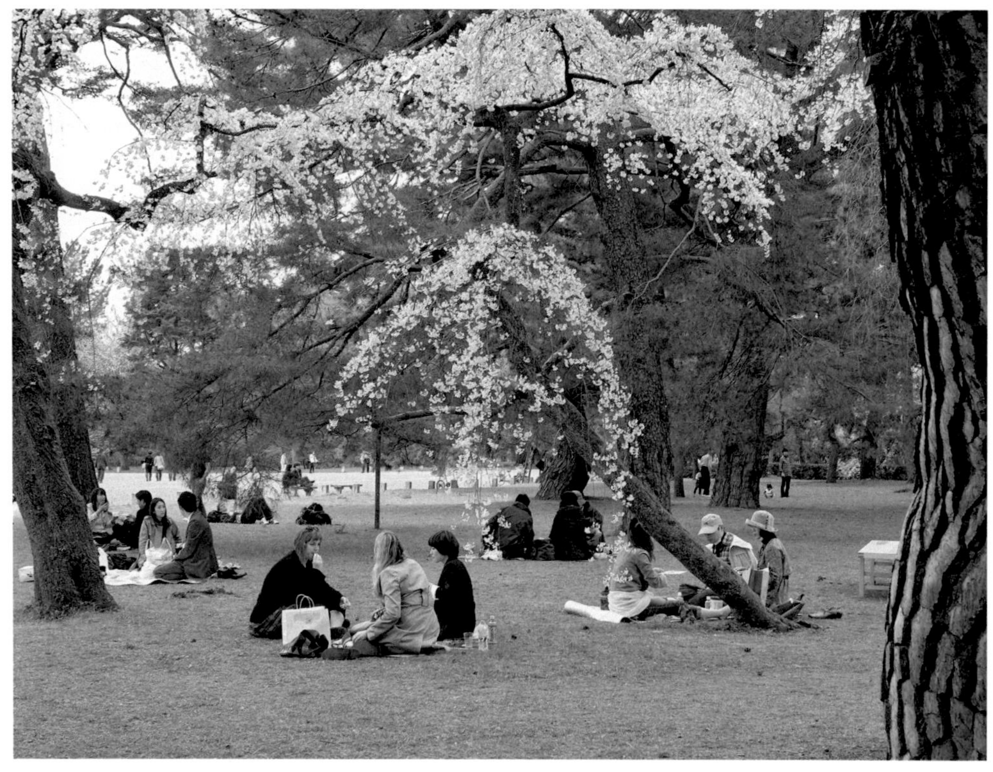

16. Kyoto-gyoen, Kyoto

Sorgfältig und – wenigstens etwas – geübt sollte man auch sein, um japanischen Tee zuzubereiten. Für feinen Grüntee, Sencha, darf das Wasser nicht zu heiß sein, und wenn er zu lange zieht, wird er bitter. Weiß man das nicht, kann man es bei Ippodo lernen. Das Teegeschäft gibt es seit 1717, zu finden ist es in einem traditionellen Haus in der Teramachi Ecke Nijo, man sieht es auf der linken Seite, wenn man die Teramachi wieder ein Stück nach Süden geht. Hat man das Haus betreten, steht man in einem großen Verkaufsraum. Nun kann man einkaufen, sehr gut beraten, auch in akzentfreiem Englisch, oder sich rechts halten, um in den Teeraum zu kommen – das heißt: dorthin, wo man wartet, bis man zu einem kleinen Tisch mit Holzstühlen im Teeraum geführt wird. Bestellt man Sencha, wird einem freundlich erklärt, wie man das Wasser in kleinen Porzellanschalen auf die richtige Temperatur herunterkühlt, die leicht öligen, wie Tannennadeln aussehenden Blätter in ein Kännchen gibt und aufgießt. Das lässt sich zwei Mal wiederholen, danach lässt der Geschmack deutlich nach. Vor dem Tee war eine Süßigkeit, meist aus Bohnenpaste, serviert worden, die seinen ganz leicht bitteren Geschmack intensiviert.

Einfacher Grüntee, Bancha, wie er in Restaurants zum Essen gereicht wird, ist leichter zuzubereiten. Man gießt ihn einfach mit heißem Wasser auf. Matcha hingegen, der mit einem Bambusbesen schaumig geschlagene Pulvertee, wird bei Ippodo zubereitet serviert. Man kann zuschauen, wie auf einer Art Briefwaage die richtige Pulvermenge für eine Portion abgewogen und in eine Teeschale gegeben wird. Als Maß für das Wasser dient eine Kelle aus Bambus. Und jedes Mal darf man gespannt sein, was für eine Schale man bekommt.

Matcha von Ippodo ist auch darin besonders, dass er an die traditionellen Teeschulen in Kyoto geliefert wird, Urasenke und Omotesenke. Das ‚sen' in den Namen zeigt an, dass beide auf den Begründer der Teekultur, wie sie nach wie vor gepflegt wird, zurückgehen. Sen no Rikyū, er lebte von 1522 bis 1591, legte die immer noch gültige Form der Teekultur fest. Er bestimmte das Aussehen des Teeraums und die Art der Gefäße, auch den Ablauf dessen, was man oft ‚Teezeremonie' nennt. Und er beauftragte einen Töpfer, Chōjirō, eine besondere Art von Teeschalen zu machen, breite, an der Lippe oft leicht nach innen gerundete breite Formen auf einem schmalen Fuß, entweder unglasiert und nach dem Brand in einem gedeckten Rot oder mit einer dünnen schwarzen Glasur überzogen, niedrig gebrannt und deshalb leicht zerbrechlich. Solche Teeschalen werden nach wie vor von der durch Chōjirō begründeten Familie mit Namen Raku gemacht, in Kyoto, westlich des Kyōto-gyoen, in einer stillen Seitenstraße. Auf dem Grundstück gibt es auch das Raku-Museum, in dem man Gefäße aus vierhundert Jahren ununterbrochener Tradition betrachten kann, unter anderen Teeschalen von Chōjirō. Dabei sehen die ältesten Gefäße nicht viel anders aus als neuere, wenngleich jede Schale individuell ist. Was man sieht, ist die Kontinuität einer abwandelbaren und frei variierbaren, doch jeweils neu entstehenden Form, nicht die starre Wiederholung eines einmal gefundenen Musters.

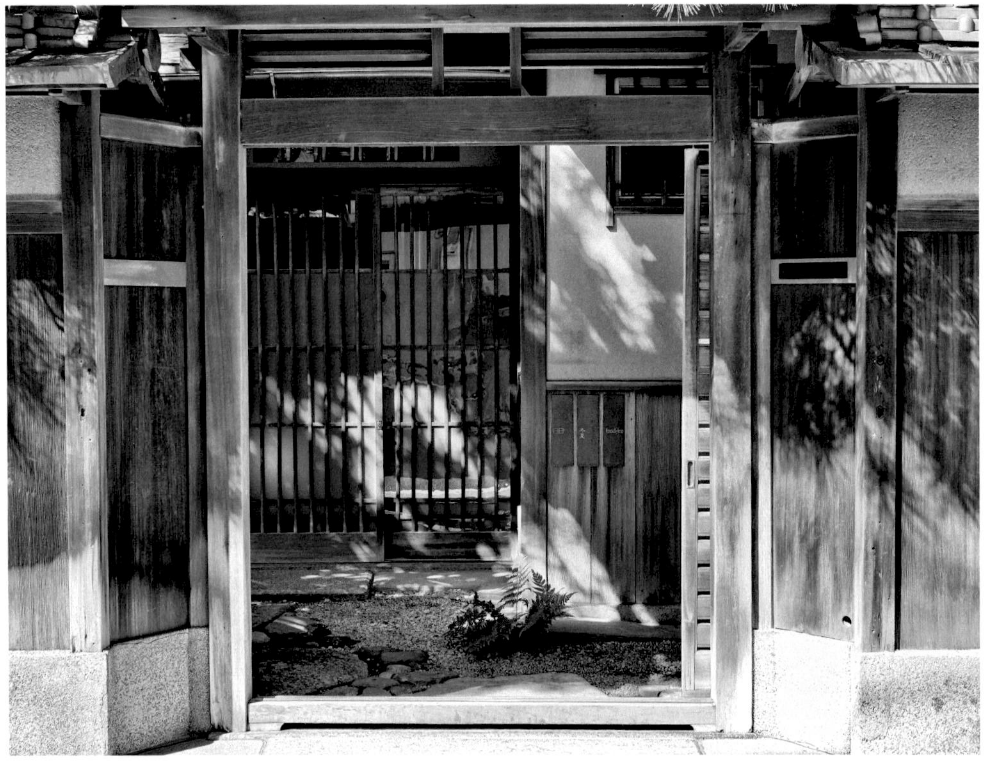

17. Galerie Nichi Nichi, Kyoto

Das Wort ‚Teezeremonie' passt nicht zu dem, was man erfährt, wenn man an so genannten Teezusammenkünften teilnimmt. Das Wort suggeriert etwas Rituelles, vielleicht sogar Religiöses, und beides ist die Teezusammenkunft als solche nicht. Das japanische Wort für das Gemeinte ist denkbar *understated* und darin treffend; *chanoyu*, das bedeutet einfach: heißes Wasser für Tee. Und genau darum geht es auch: Wasser zu erhitzen, um einen Gast oder Gäste mit Tee zu bewirten, also zu tun, was man oft tut, nur möglichst bewusst und sorgsam. Dabei kann die Teezusammenkunft eher privat sein oder viele, sogar sehr viele Gäste einschließen, eher informell oder förmlich, und Gastgeberin oder Gastgeber können verschieden geübt sein. Das Spektrum reicht von den ersten unsicheren Versuchen, zum Beispiel in einem Universitäts-Teeklub, bis hin zur jahrelang praktizierten, ebenso genauen wie anmutigen Choreographie in einer der Teeschulen.

Doch entscheidend ist bei aller Sorgfalt nicht der Perfektionsgrad, sondern die Zusammenkunft selbst. Es geht um das Tun und die Dinge,

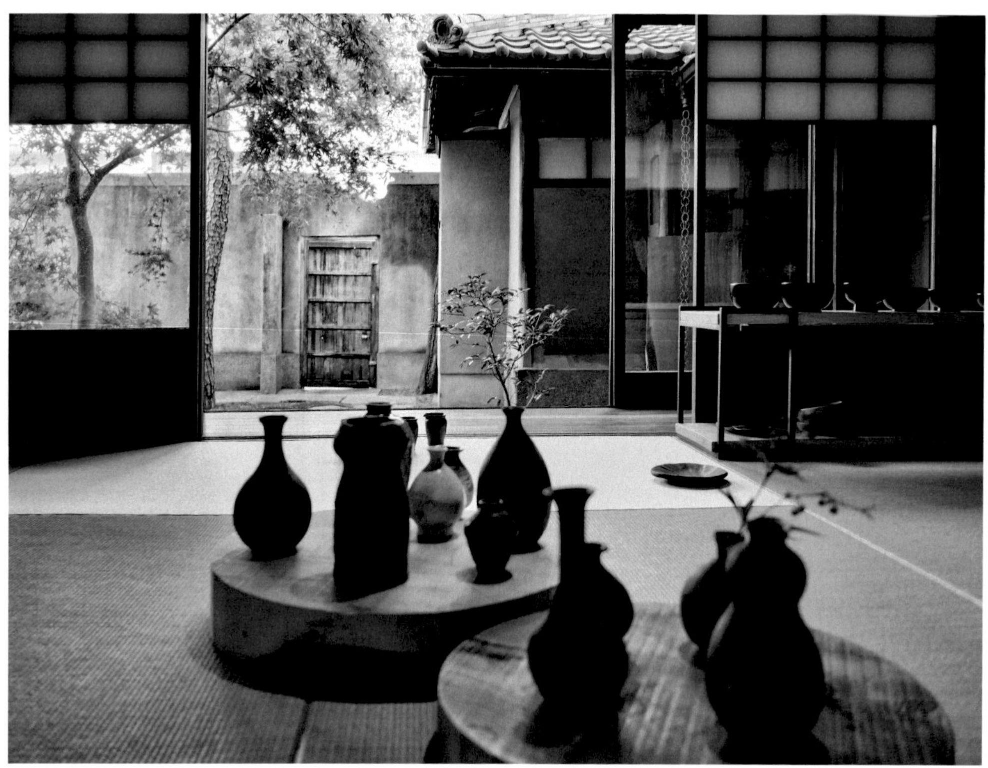

18. Galerie Nichi Nichi, Kyoto

mit denen man umgeht, in einem dem Tun und den Dingen angemessenen Raum. Und man soll klar sehen, dass die Zusammenkunft einmalig ist, so nie gewesen und unwiederholbar, so dass sie in aller Klarheit als einmalig erlebt werden kann. Teekultur ist eine sich im Teeraum konzentrierende Lebensweise, in der man das Einfache schätzt und pflegt – das zurückhaltende klare Verhalten und die einfachen Dinge, mit denen man sorgsam umgeht. Man benutzt die Dinge nicht einfach, sondern erfährt und schätzt sie im Gebrauch. Man pflegt sie, aber lässt sie auch die Spuren des Gebrauchs annehmen und altern. Und es gehört zu einer Teezusammenkunft, dass die Gefäße, die man gebraucht hat, anschließend gereinigt auf quadratische violette Seidentücher gestellt werden, damit man sie anschauen kann.

Nicht alle Dinge ermöglichen oder fordern ein solches Verhalten – nicht solche, die nur zum Verbrauchen gemacht sind. Es müssen schöne, sorgfältig gemachte Dinge sein, nicht unbedingt Kunstwerke, aber diesen verwandt. Die Grenze zwischen Handwerkskunst und Kunst ist fließend. Gebrauchsdinge sind oft schon Kunstwerke, und Kunstwerke wie Teeschalen sind nicht allein für die Betrachtung, sondern immer auch für den Gebrauch da.

In der Teramachi gibt es, wie schon bemerkt, etliche Läden und Galerien für schöne Dinge. Auch Teeschalen und andere Gefäße für den Teeraum sieht man dort. Besonders jedoch ist eine Galerie, zu der man kommt, wenn man nach Norden geht, die Marutamachi überquert und dann die erste kleine Straße nach rechts nimmt. Man muss Acht geben. Nichi Nichi, so heißt die Galerie, ist kein Laden mit Schaufenster, sondern ein eher unscheinbares traditionelles Haus. Das Schild am Eingang ist so klein, dass man es leicht übersieht. Ist man eingetreten, findet man sich in einem traditionellen Raum mit Tatamimatten und einem *tokonoma* – der Nische für eine Kalligraphie und eine Vase mit Blumen – und schaut in einen Innengarten hinaus. Nebenan ist ein Teeraum, in dem man besondere Arten von Sencha serviert.

Viele Dinge ausgestellt findet man im Allgemeinen nicht, ist man an Besonderem interessiert, sollte man fragen. Doch es gibt Sonderausstellungen, und ist etwa Keramik eines Meisters wie Makoto Kaneshige zu sehen, reisen Interessierte sogar aus Tokyo an, und die meisten Exponate sind nach einem Tag verkauft. Aber man muss nichts kaufen, um hier willkommen zu sein. Eine Zeitlang kam häufig ein junger Mann in die Galerie, setzte sich auf den Tatamiboden und betrachtete lange, in gelassener Aufmerksamkeit, eine Schale, immer eine von Young-Jae Lee. Irgendwann stand er auf, bedankte sich und ging, um irgendwann wiederzukommen.

Daisen-in ist ein Tempel, der zum Daitoku-ji gehört, einer großen Tempelanlage nordwestlich des Kyōto-gyoen. Von der Marutamachi aus bräuchte man zu Fuß ungefähr eine Stunde. Der Tempel ist recht klein und er liegt am Rand der großen Anlage, versteckt hinter dichten Sträuchern und Bäumen. Vom größeren Weg, auf dem man gekommen ist, biegt man ein paar Schritte nach rechts ab und hält sich dann wieder links, um nach ein paar Schritten vor dem Eingang zu stehen. Der Tempel ist klein. Aber er dürfte einer der wichtigsten im Daitoku-ji, vielleicht sogar in Kyoto sein. Daisen-in ist mit seinen Gärten ein Zen-Tempel *in nuce*.

Das sieht oder ahnt man, sobald man den Tempel betreten hat, denn man sieht auf begrenztem Raum viel. Schaut man am Eingang geradeaus, sieht man rechts neben einer schmalen, dem Hauptgebäude vorgelagerten Terrasse eine geharkte Kiesfläche besetzt mit Steinen von unterschiedlicher Größe, einige im Kies liegend, in ihm fast verschwindend, andere aufgerichtet. Es gibt, wie man vielleicht bemerkt, auch Pflanzen in diesem Garten, niedrige Büsche, klein gehaltene, schmale Bäume. Eine Querwand mit glockenförmigem Fenster versperrt den Blick auf den hinteren Teil der Kiesfläche und lässt zugleich sehen, dass es dort weitergeht. Läuft man über die schmale Terrasse zwischen dem Hauptgebäude des Tempels auf der Linken und diesem Garten entlang und biegt hinten nach links um die Ecke, entdeckt man nicht nur, wie der Garten sich dort fortsetzt. Auch einen neuen Garten entdeckt man – wieder eine Kiesfläche, doch sparsamer mit Steinen besetzt. Hinter der nächsten Ecke schaut man auf eine noch schmalere Kiesfläche, die einfach leer ist, um dann vor der größten Fläche des Tempels zu stehen. Eine geharkte Kiesfläche sieht man auch hier, hinten rechts eine die Ecke überspannende Erdinsel mit einem zierlichen Baum. In der Fläche selbst sieht man zwei Kieskegel. Hat man dies alles gesehen, mag einem auffallen, dass man fast wieder am Tempeleingang angekommen ist.

Wohin soll man sich wenden, wie das Ensemble von Gärten erkunden? Man könnte bemerkt haben, dass die Terrasse vor der größten Kiesfläche am breitesten ist, auch, dass sie offenbar an der Vorderseite des Hauptgebäudes liegt. Das kann bedeuten, sie bilde den wichtigsten Garten des Tempels. Das Gebäude öffnet sich auf ihn hin, und die breite Terrasse ist offenbar dafür gedacht, auf ihr zu sitzen und die Kiesfläche mit ihren Kegeln zu betrachten.

Aber vielleicht zieht der Garten, den man als ersten gesehen hatte, mehr an, weil es in ihm, vor allem hinter der Querwand, viel zu sehen gibt. Es ist ein Landschaftsgarten, die Darstellung einer Landschaft. Ein Fluss im

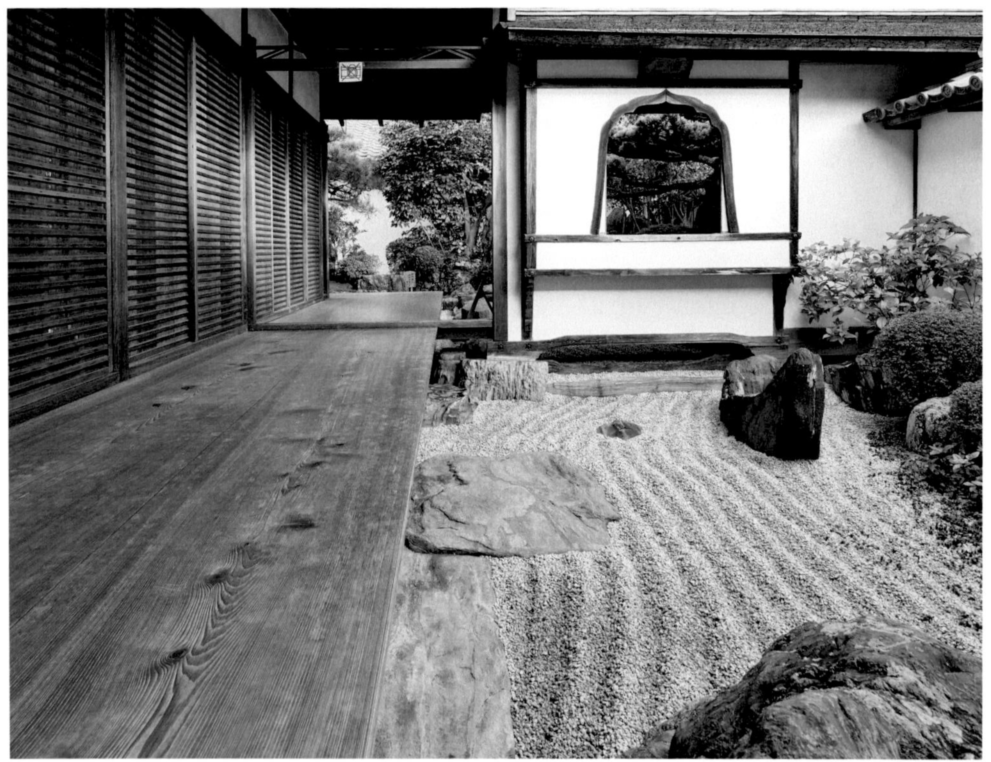

19. Daisen-in, Kyoto

Gebirge, das erkennt man leicht, von einer Brücke überquert, und im hinteren Teil des Gartens liegen große Felsen im Flussbett. Ein besonderer Stein vor der Querwand hat die Form eines Schiffes, und man kann sich vorstellen, wie das Schiff im offener gewordenen Wasser seine Bahn zieht. Sofern geharkter Kies das Wasser darstellt, ist der Garten eine ‚trockene Landschaft'. Das japanische Wort dafür, *karesansui,* bedeutet wörtlich ‚trockener Berg, trockenes Wasser'. Genau das ist es, was man sieht. Von einem Trockengarten im strengen Sinn weicht der des Daisen-in dadurch ab, dass es in ihm auch Pflanzen gibt.

Gärten als Landschaftsdarstellungen sind nicht selten. Und wie bei der wohl berühmtesten von ihnen, nämlich der Darstellung der Landzunge von Amanohashidate im Garten von *katsura-rikyū*, ist, wie es scheint, auch im Daisen-in das Dargestellte identifizierbar. Falls dies nicht aufgrund eigener Kenntnisse gelingt, bekommt man im Tempel eine Informationstafel, aus der man lernen kann, welcher Stein was bedeutet. So steht ein recht großer

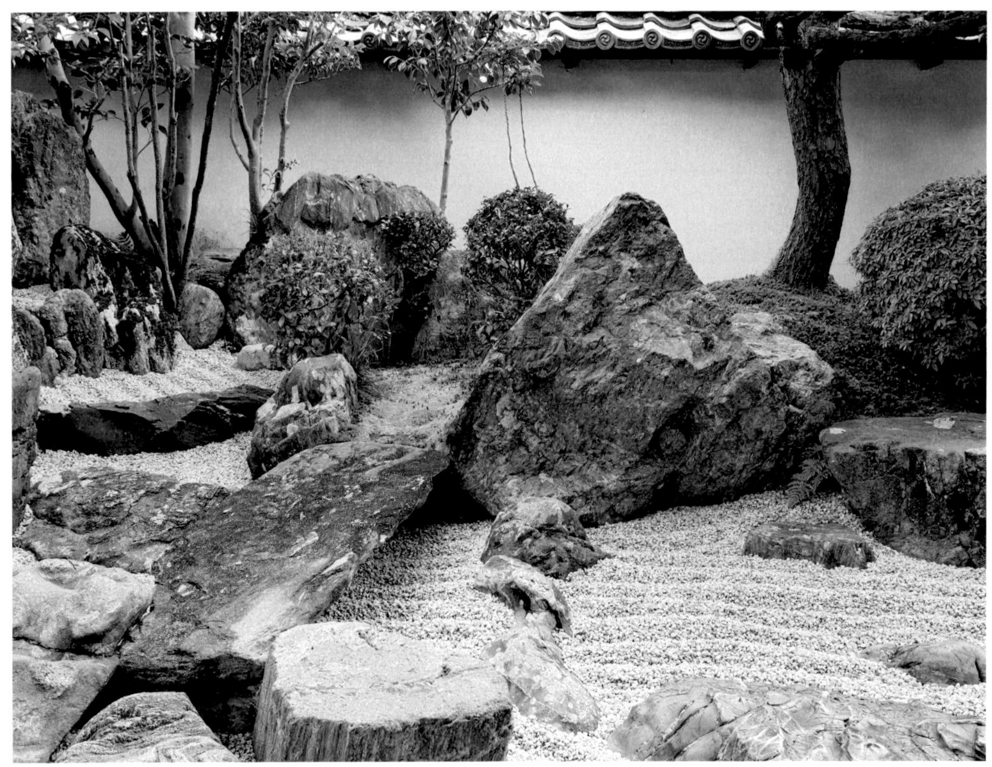

20. Daisen-in, Kyoto

aufragender Stein für den Berg Hiei, den Hausberg von Kyoto, aber es gibt auch die Kranichinsel und die Schildkröteninsel, mythische Orte des langen Lebens. Und einzelne, besonders markante Steine haben Namen, einfach als solche und nicht, sofern sie für etwas anderes stehen. Der Garten ist also keine identifizierbare Miniaturlandschaft, sondern eine Ordnung für sich, in der manches, aber nicht alles etwas bedeutet. Vor allem ist er eine Ordnung von Steinen in geharktem Kies.

So, als Ordnung von Steinen, wird der Garten angelegt worden sein, dann zumindest, wenn dabei eine Regel, die ein Gartengestaltungsbuch aus der Heian-Zeit, *Sakuteiki*, formuliert, als verbindlich galt. Man solle einen besonders prächtigen Stein auswählen und setzen und die anderen diesem entsprechend.[34] Oder schöner und mit dem Gärtner Hiromosa Amasaki gesagt: „Wenn man einen Stein in den Garten setzt, wird dieser Stein erzäh-

34 Jirō Takei / Marc P. Keane (Hg.): *Sakuteiki. Visions of the Japanese Garden. A Modern Translation of Japan's Gardening Classic*, Tokyo / Rutland, Vermont / Singapur 2008, 181.

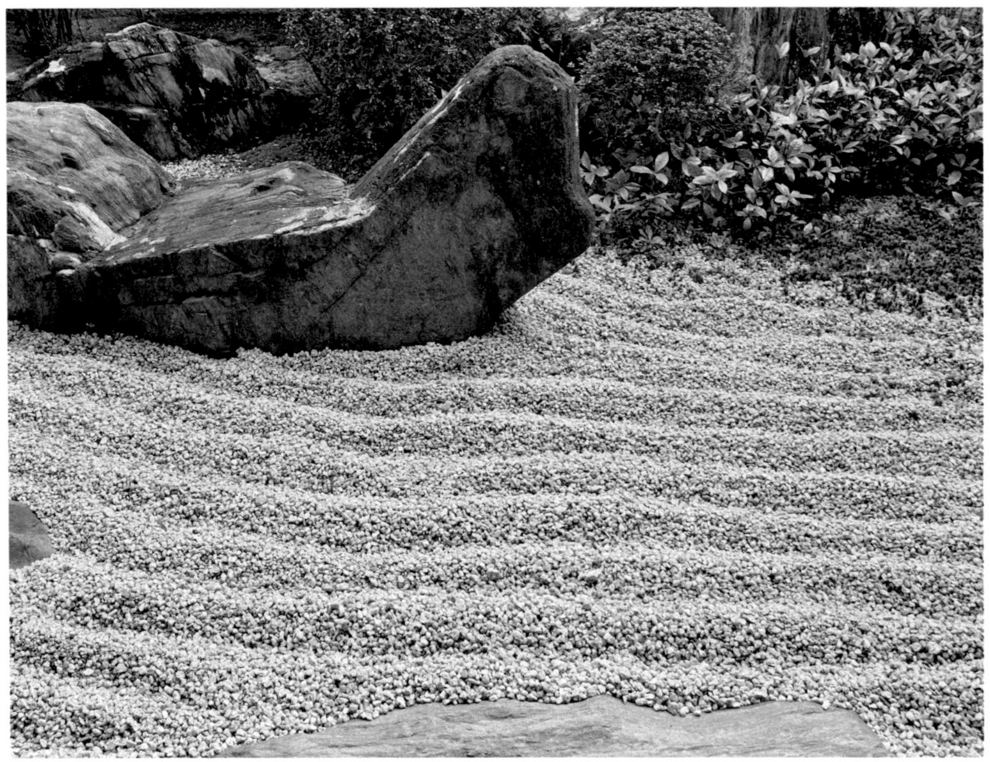

21. Daisen-in, Kyoto

len, wie man den nächsten Stein zu setzen hat."[35] Dass der Gestalter des Landschaftsgartens in Daisen-in so verfahren ist, sieht man. Die Gestaltung des Gartens, seine Ordnung liegt in ihm selbst, also nicht in einem im Voraus entworfenen Plan, der anschließend umgesetzt wurde. So harmonieren die Steine miteinander, ohne dass sich ihre Harmonie aufschlüsseln ließe. Ihre Ordnung ist offen, in verschiedenen Hinsichten erfahrbar, je nachdem, wie man das Ganze der Steinsetzungen sieht oder welche Zusammenstellung von Steinen man in den Blick nimmt. Was man so erfährt, ist die individuelle Ordnung dieses besonderen Gartens, stimmig und offen zugleich, immer wieder anders, nicht zu bestimmen, allein betrachtend zu erfahren.

Vielleicht versteht man besser, was man so erfährt, wenn man auf der Terrasse des Tempels am Landschaftsgarten vorbei weitergeht und sich dem unmittelbar anschließenden Garten zuwendet. Hier sind nur wenige

35 Carola Platzek (Hg.), *Die Lehre des Gartens*, Wien 2017, 21.

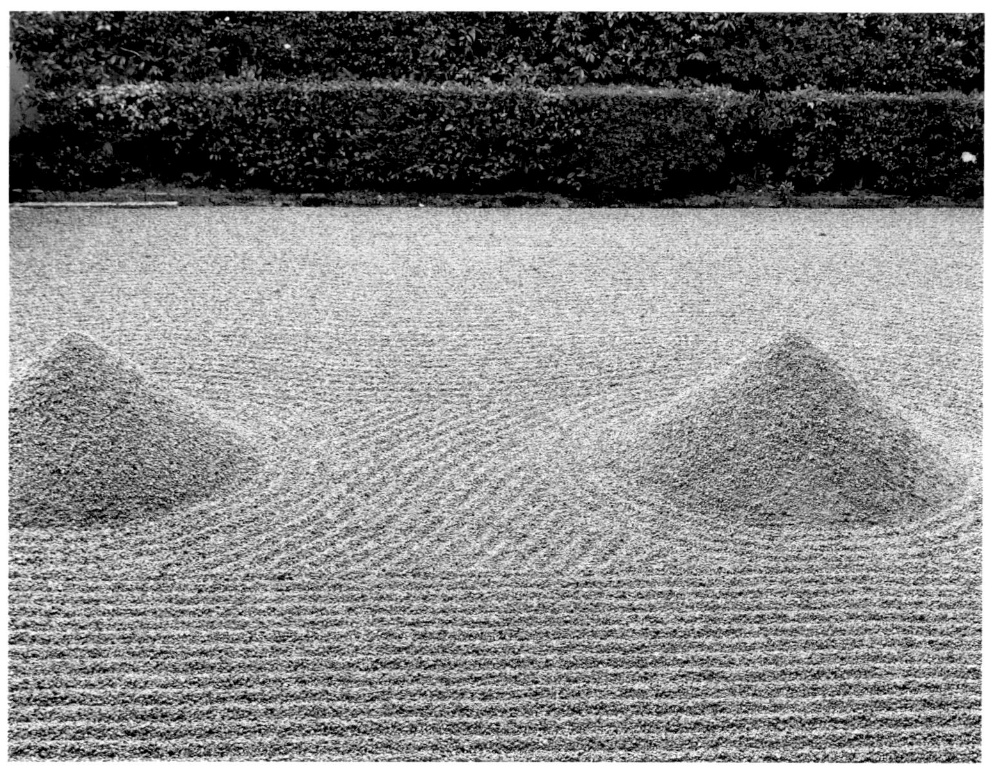

22. Daisen-in, Kyoto

Steine gesetzt; sie bilden keine Landschaft, sondern korrespondieren miteinander allein als Steine, so dass man besonders ihre offene Ordnung sieht. Geht man noch weiter, so steht man vor der geharkten Kiesfläche, einem möglichen Steingarten ohne Steine. Die leere Fläche zeigt an, dass er der Kies ist, der die Steine aufnimmt und, einzeln oder im Zusammenspiel, erscheinen lässt, während er selbst oft nur mitgesehen wird, als der Grund, in dem die Steine liegen und aus dem sie herausstehen.

Geht man nun wieder zur vorderen Längsseite des Tempelgebäudes, wird man die große geharkte Kiesfläche, die vor einem liegt, vielleicht anders sehen. Auch diese Fläche ist leer, sie heißt sogar ‚der Ozean der Leere'. Aber durch die zwei flachen Kegel ist es, als sei sie belebt. Anders als Steine, die in die Fläche gesetzt wären, heben die Kegel sich von der Fläche nicht ab, sondern gehören zu ihr. Sie scheinen aus der Fläche hervorzukommen oder in ihr zu verschwinden. Sie sind auf keines von beiden festzulegen, und deshalb sieht es so aus, als ob sie zwischen Hervorkommen und Verschwinden pulsieren, in einer leisen, fast unmerklichen Schwingung. Die Leere ist dann nicht einfach leer, sondern verborgene Fülle. Dann wäre auch der Landschaftsgarten in seiner Fülle und Stimmigkeit, in die Bedeutung eingetragen ist – Berge, ein Fluss, eine Brücke, ein Schiff – aus der Leere zu verstehen. Und die Gärten des Daisen-in zeigten das Spiel von Fülle und Leere oder Leere und Fülle, je nachdem, in welcher Folge man sie sieht. Dieses Spiel muss man sich zu den Gärten nicht hinzudenken, man muss es aus dem, was man sieht, noch nicht einmal entschlüsseln. Man sieht es, wenn man hinschaut, ohne etwas erklären zu wollen.

569 KANEI-CHO GOJYOZKA, HIGASHIYAMA-KU – diese Adresse ist von Daisen-in recht weit entfernt. Vom Kawaramachi-Bahnhof der Hankyu-Bahn hingegen hat man einen Fußweg von weniger als einer halben Stunde und wäre also von dort aus recht bald dort gewesen. Man biegt kurz vor dem Fluss von der Shijo-dori nach Süden ab und überquert die nächste Brücke, um sich dann weiter südlich zu halten. Nach einer Weile geht man unter einer autobahnartigen Straße durch, dann läuft man durch kleine, sehr ruhige Straßen und findet, mit etwas Glück, schließlich das Haus. Es ist ein traditionelles Haus in einer traditionell wirkenden Straße, zweistöckig und zur Straße hin geschlossen. Kommt man zur richtigen Zeit, steht jedoch das Holzgitter des Eingangs offen. Man darf eintreten und das Haus besichtigen. Es ist das Haus des Keramikkünstlers Kanjirō Kawai, mittlerweile ein Museum geworden.

Kawai ist unter den maßgeblichen japanischen Keramikern des vergangenen Jahrhunderts eine Ausnahmeerscheinung. Ungebunden durch die Tradition eines Keramikorts wie Bizen, Seto oder Karatsu, hat er sich nie auf einen Stil festgelegt und immer wieder neue, oft sehr eigenwillige Möglichkeiten der Gefäßkunst entdeckt. So gibt es in seinem späten Werk aus den fünfziger und sechziger Jahren unregelmäßige Formen, meist in gedeckten, oft schwer zu benennenden Glasurfarben, die mit markanten Reliefs dekoriert sind. Und es gibt Gefäße mit locker aufgetragenen oder aufgespritzten Glasurflecken, die wirken als sei das *Action Painting* bunt und unbekümmert

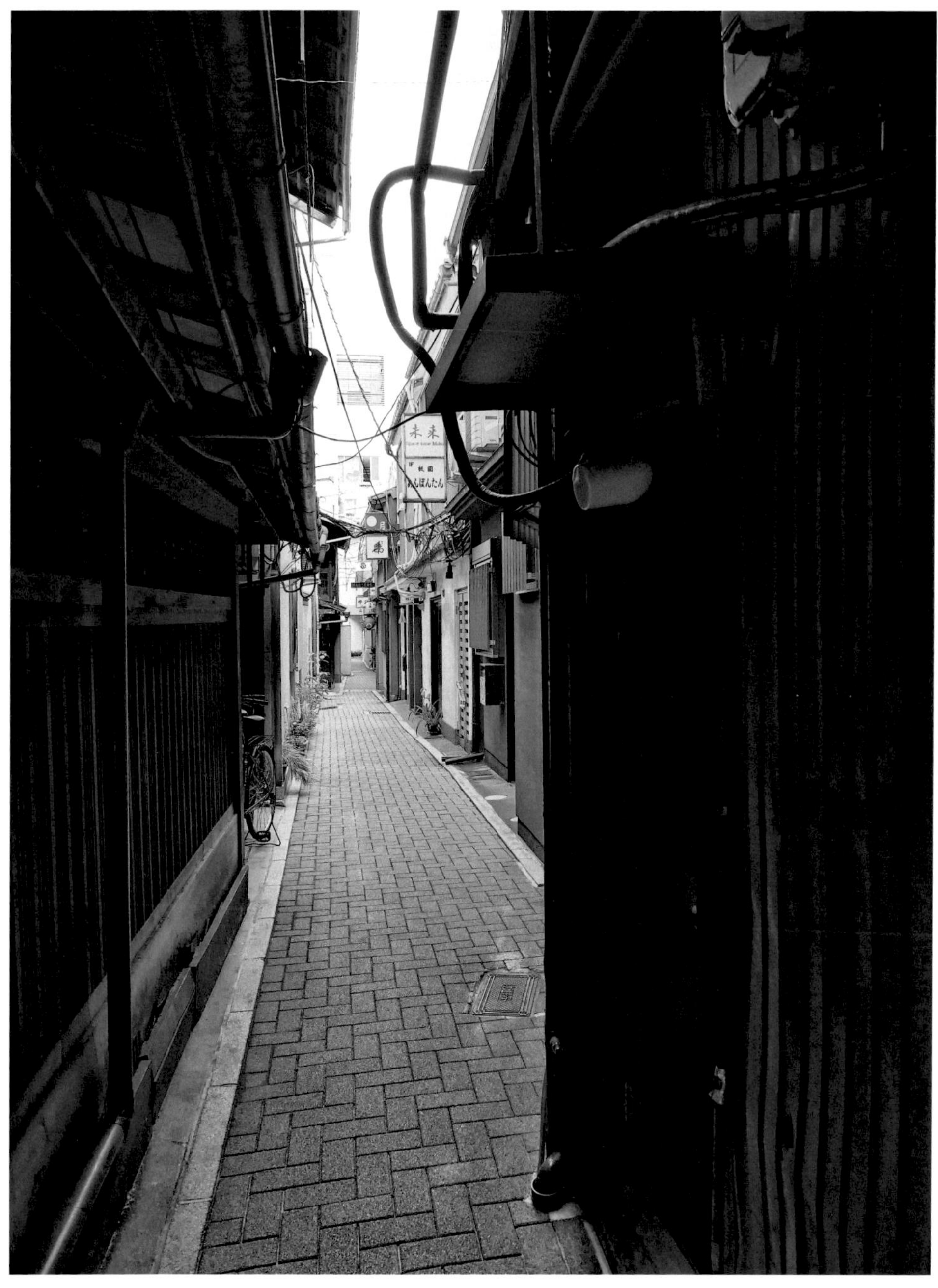

23. Kyoto

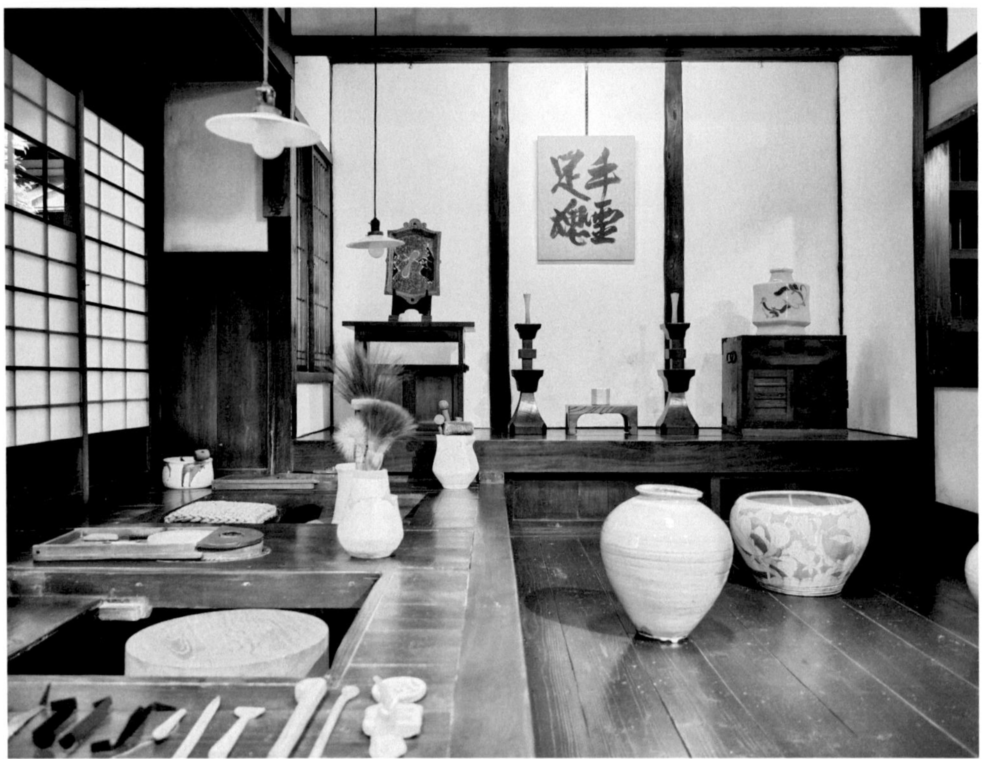

24. Kawai-Haus, Kyoto

geworden und von den Leinwänden auf Gefäßoberflächen gewandert. Kawai hat auch Skulpturen gemacht, darunter viele grotesk wirkende Masken aus Holz. Und er zeichnete und kalligraphierte.

Kawais Haus, im Wesentlichen unverändert, zeigt, wie dieser unkonventionelle, aber gar nicht rebellische, sondern stille und auf Photographien asketisch wirkende Künstler gelebt hat. Man sieht viel dunkles, mit handwerklicher Meisterschaft verarbeitetes Holz, wenige Möbel, doch es sind ausgeprägt individuelle Stücke dabei. Ein Tisch mit Armlehnstuhl direkt vor einem Fenster zeigt an, dass Kawai auch schrieb, Gedichte und kurze meditative Prosastücke. Das Haus zeigt Wohlstand und Bescheidenheit, ähnlich könnte auch ein Kaufmann mit seiner Familie gewohnt haben - zurückhaltend und sehr gepflegt, auf begrenztem Raum großzügig.

Im Wohnhaus sind einige von Kawais Skulpturen und Gefäßen zu sehen. Mehr seiner keramischen Arbeiten sind in einem Gebäude, das

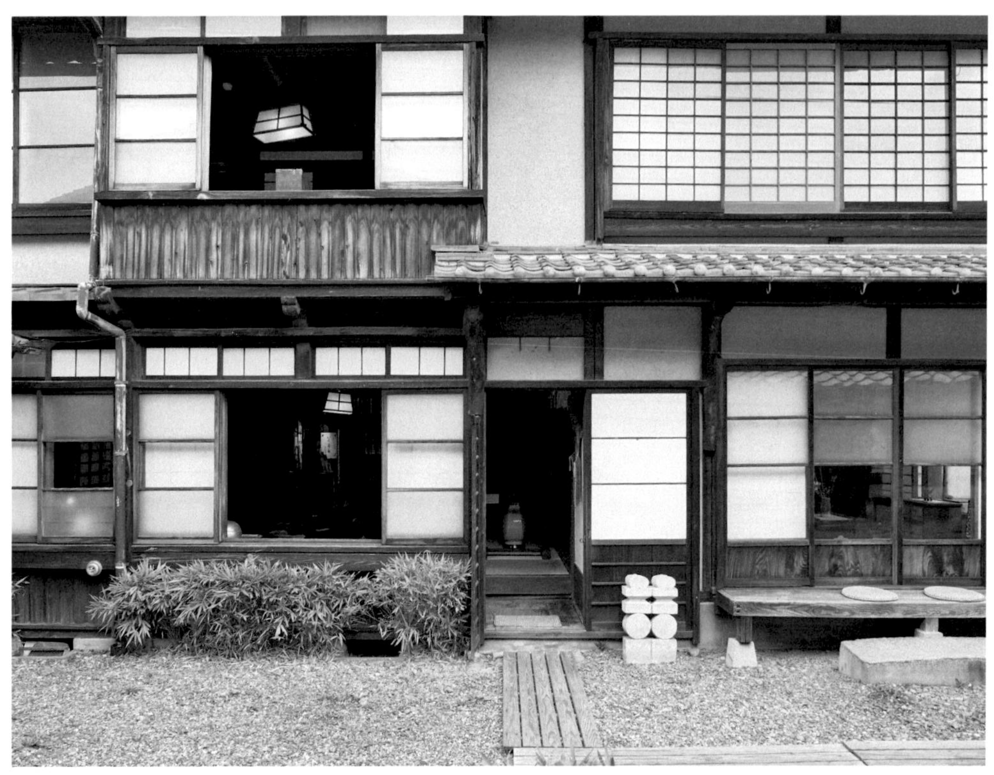

25. Kawai-Haus, Kyoto

gegenüber dem Wohnhaus, auf der anderen Seite eines großen Innenhofs, liegt. Der mit Vitrinen ausgestattete Gang, den man auch von außen sieht, diente Kawai offenbar als Ausstellungsraum. Schaut man im Hof nach links, sieht man hinter dem Wohnhaus das Gebäude mit Kawais Werkstatt, neben dieser große Behälter für Glasuren, und, deutlich erhöht, so dass man eine Treppe steigen muss, einen großen Mehrkammerofen, *noborigama*, der sich einen steilen Hang hinaufzieht. Als Kawai sich hier niederließ, war ein Keramikofen im Wohngebiet weniger erstaunlich, weil die Straße zum Töpferviertel von Kyoto gehörte. Kawai hatte mit der farbigen, oft floral dekorierten Keramik, wie sie sonst in Kyoto gemacht wird, wenig zu tun. Auch künstlerisch war er ein Einzelgänger. Trotzdem wurde er zusammen mit zwei Freunden, Shōji Hamada und Soetsu Yanagi, zum Repräsentanten einer ästhetischen Bewegung, die bis heute wirkt. Um sie anschaulich zu erfahren, muss man reisen, von Kansai nach Kanto.

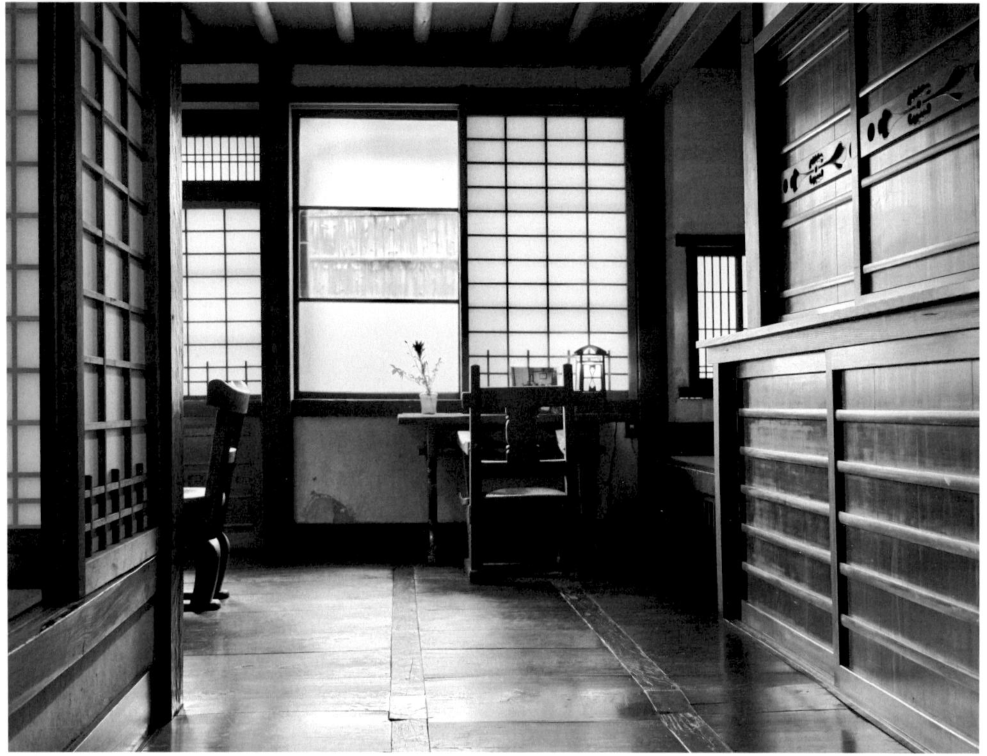

26. Kawai-Haus, Kyoto

Mashiko ist eine Stadt etwa hundert Kilometer nordöstlich von Tokyo. Man erreicht sie am besten, indem man von Tokyo aus mit einem Auto fährt, bis dorthin kann man den Shinkansen nehmen. Während der Zugfahrt sitzt man in geräumigen Wagen auf bequemen Sitzen und nimmt die rasende Bewegung in leichter Benommenheit als ein ebenso intensives wie gedämpftes Rauschen wahr. Die Landschaft jagt vorbei, als würde von einem Bilderband immer wieder ein Stück abgerissen. Kommt man von Westen, so lässt sich immerhin, wenn man Glück hat und es nicht neblig ist, kurz vor dem Ziel für eine Weile das Bild des Fuji festhalten. Der Berg ist genauso schön, wie es von ihm gesagt wird, mehr Erscheinung als Teil einer realen Landschaft.

Mashiko ist ein Keramikort, wenngleich als solcher für lange Zeit nicht sehr bedeutend gewesen. Man stellte dort vor allem Alltagsgeschirr für die Hauptstadt Edo, später Tokyo her. Der Ruf des Ortes änderte sich erst, nachdem Shōji Hamada sich dort niedergelassen hatte. Hamada hatte, wie Kawai, in Tokyo Keramik studiert und zusammen mit ihm am *Kyoto Municipal Institute of Industrial Technology and Culture* Glasuren erforscht – seit dem Studium waren die beiden eng befreundet. Dann ging Hamada mit dem englischen Töpfer Bernard Leach für länger als drei Jahre nach England und baute mit diesem in St. Yves in Wales die *Leach Pottery* auf. Nach einer Übergangsphase, in der er sich oft auf Okinawa aufhielt, um die dortige Keramik zu studieren, entschied Hamada sich für Mashiko. Dort gab es Tonvorkommen, zwar keine besonders guten, doch immerhin gute. Und Tokyo war einigermaßen bequem zu erreichen. Recht bald wurde Hamada berühmt, und das kam dem Ruf seines Wohnorts zugute.

Hamada wohnte etwas außerhalb der Stadt. Sobald man das Eingangstor gesehen hat, ist klar, dass man vor einem Anwesen steht, und zwar vor einem repräsentativen. Der erste Eindruck bestätigt sich, wenn man das Gelände betritt und sich in einem Ensemble traditioneller Häuser befindet. Sich dem Ensemble nähernd, wird man zuerst auf ein großes Gebäude mit einem gewaltigen Dach zugehen. Es war, wie man herausfinden kann, Hamadas Wohnhaus, ein traditionelles Haus, in dem man offenbar auf dem mit Tatamimatten bedeckten Boden lebte. Aber es gibt auch einen großen Tisch mit Windsor Stühlen – diese leichten, handwerklich gut gearbeiteten Holzmöbel kamen Hamadas Geschmack von dem, was er in England kennengelernt hatte, wohl am nächsten. Obwohl er traditionell lebte, war Hamada offenbar nicht traditionsfixiert. Er besaß auch einen Lounge Chair von Ray und Charles Eames.

Direkt neben dem Wohnhaus liegt eine große Werkstatt mit etlichen Töpferscheiben, und erkundet man das Anwesen weiter, entdeckt man einen sehr großen Brennofen, *noborigama*, der wohl tausende von Gefäßen aufnehmen kann. Auch gibt es museal gestaltete Ausstellungsräume und, etwas weiter abseits, ein Gebäude mit der Werkstatt von Hamadas Enkel Tomoo, der nach seinem Vater Shinsaku die noch kurze Familientradition fortführt. Auch das Anwesen Hamadas hat erst eine kurze Geschichte. Hamada hatte die alten Gebäude anderswo entdeckt und erworben, auseinandernehmen und am neuen Ort wieder aufbauen lassen.

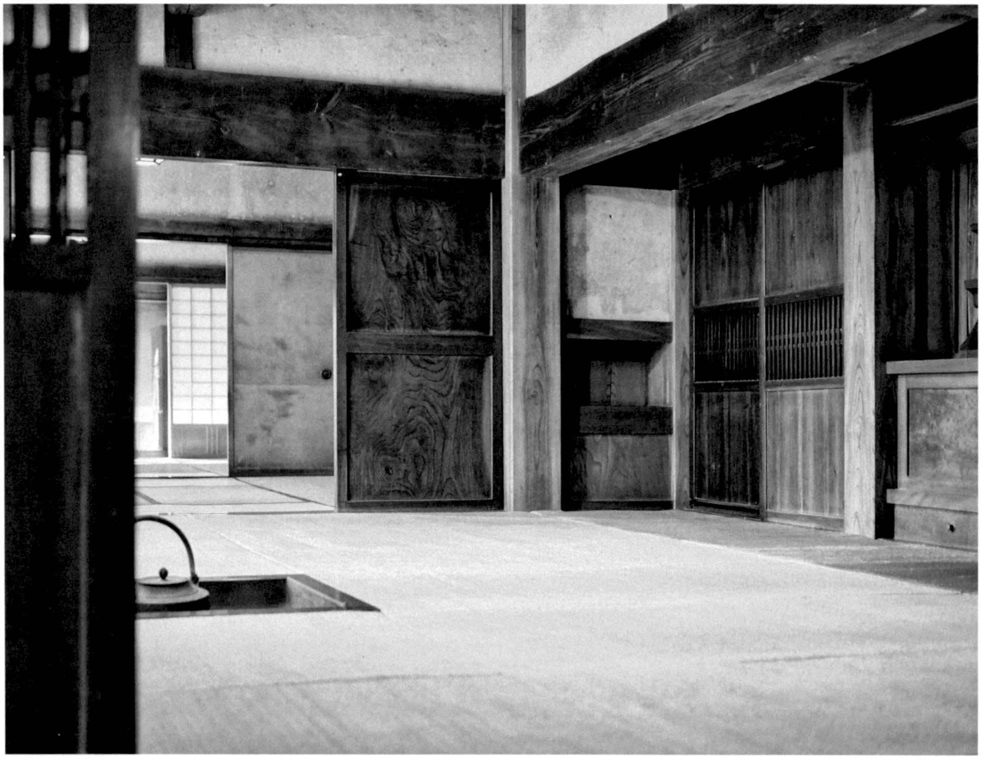

27./28. Anwesen Hamada, Mashiko

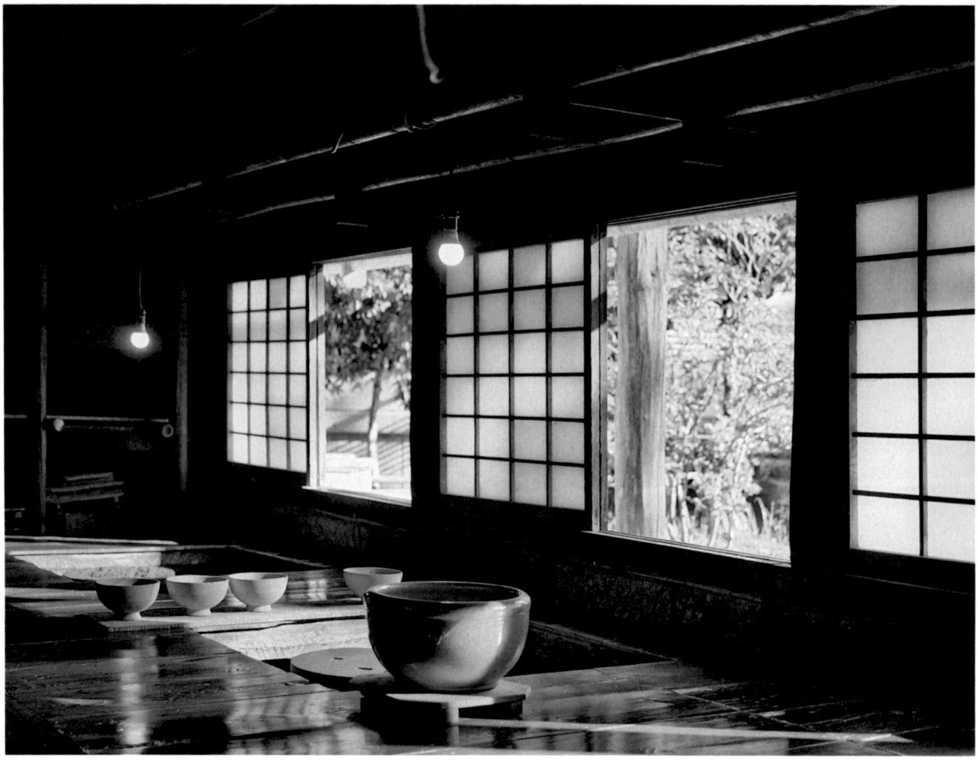

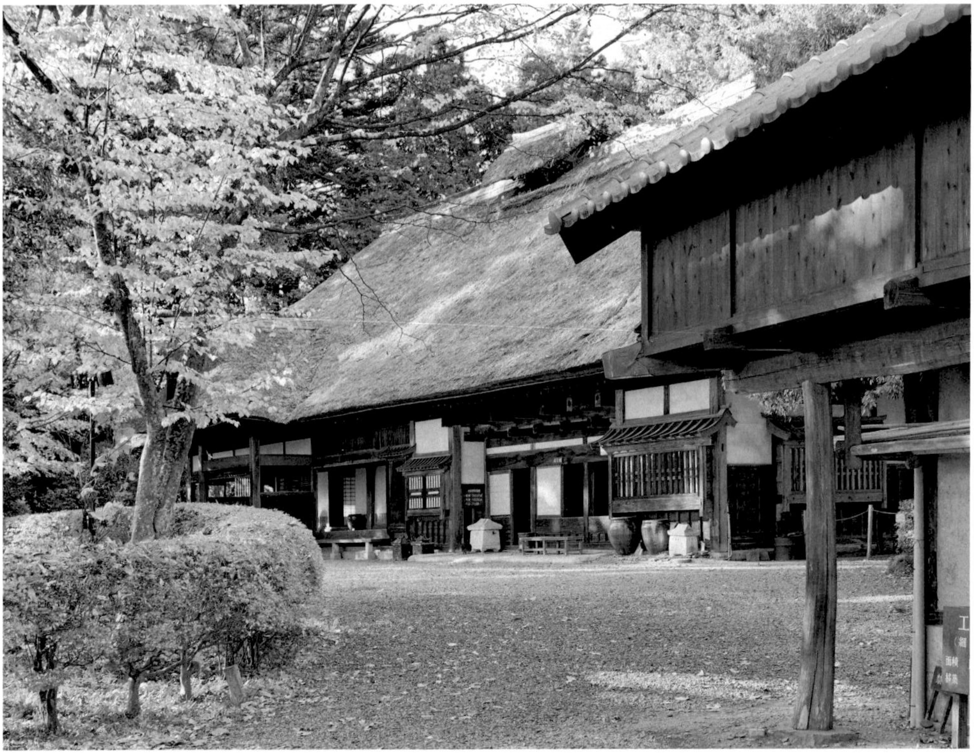

29./30. Anwesen Hamada, Mashiko

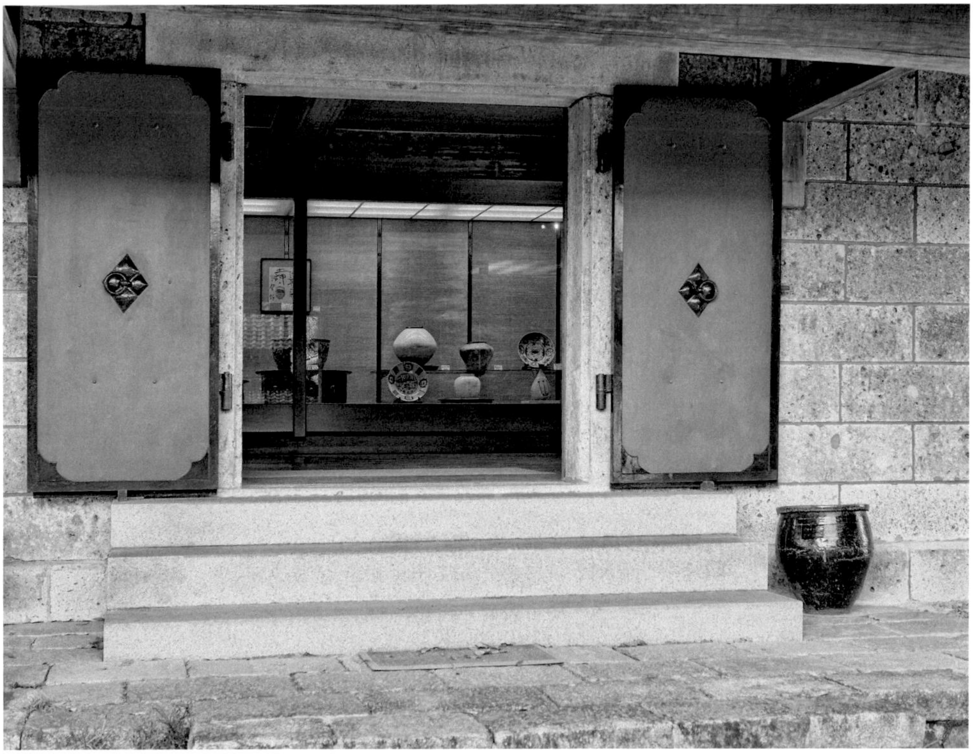

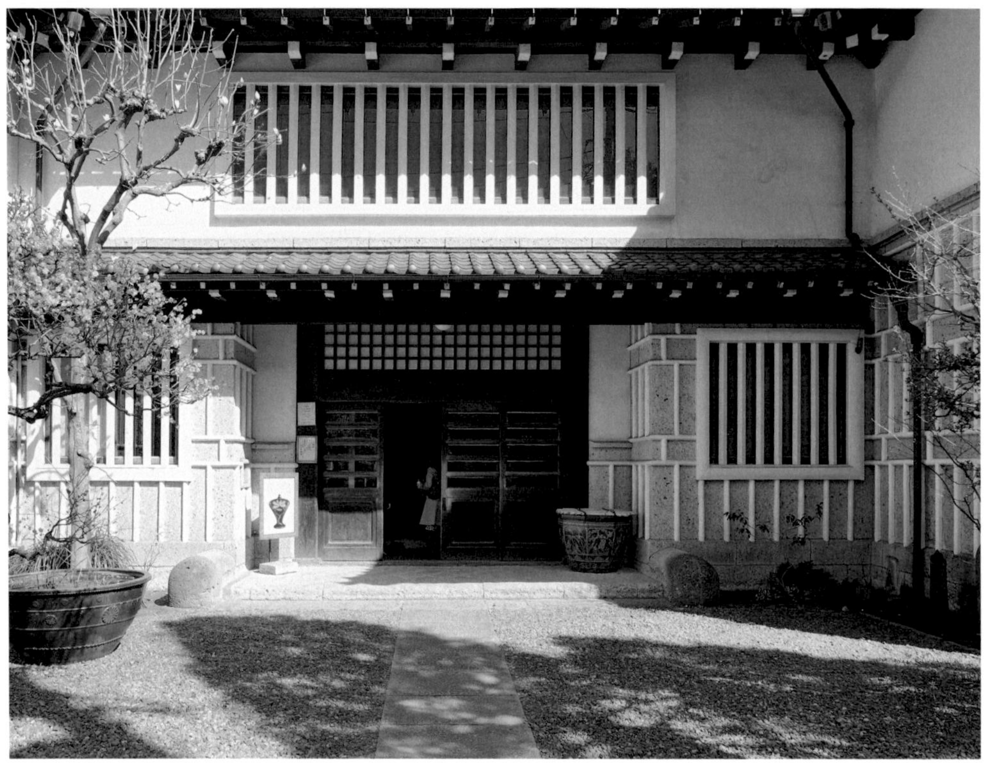

31. Mingei-kan, Tokyo

Erkundet man Hamadas Anwesen und denkt dabei an das Haus seines Freundes Kawai in Kyoto, so ist der Unterschied offensichtlich. Hamadas Töpferei war ein Handwerksbetrieb mit etlichen Mitarbeitern, nicht nur das Studio eines individuell schaffenden Künstlers. Es wurde vor allem Gebrauchskeramik gemacht und diese, wie der riesige Ofen zeigt, in großer Zahl. Doch was derart entstand, ist künstlerisch, nicht zuletzt durch die von Hamada entwickelten Glasuren und dadurch, dass er in jedem Fall die letzten Gestaltungsschritte selbst übernahm – eine leicht hingesetzte Zeichnung oder, bei seinen großen Tellern und Schalen, mit einer Kelle aufgeschüttete Dekore. Was so entstand, war eine Keramik ganz eigener Art – zwar in keiner Tradition verankert, aber mit Anklängen an Traditionen, neu und trotzdem selbstverständlich, als seien diese Gefäße immer schon dagewesen, Werke einer Kunst, die nicht das Individuelle, Ungewöhnliche sucht und sich, bei aller Meisterschaft, stattdessen ins alltäglich Erscheinende zurücknimmt.

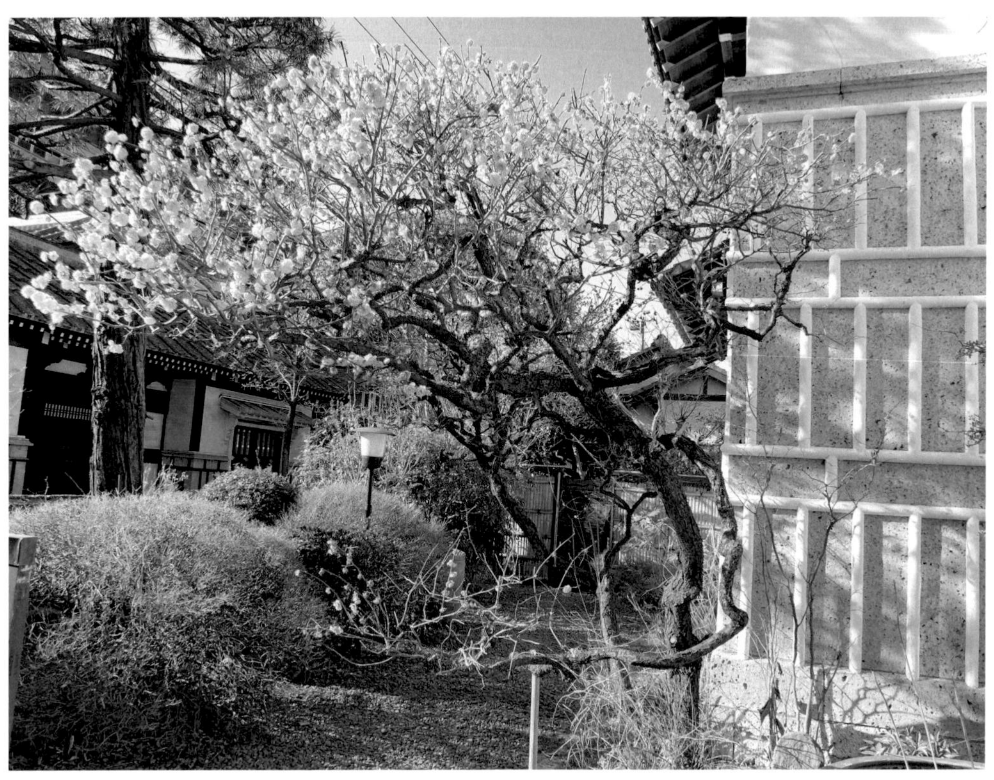

32. Mingei-kan, Tokyo

MINGEI-KAN, der offizielle Name auf Englisch ist *The Japan Folk Crafts Museum,* liegt in einer eher ruhigen Gegend Tokyos, am Rand des Komaba-Parks. Das Museum wirkt ein wenig verschlafen – offenbar gehört es nicht zum normalen touristischen Besichtigungsprogramm. Wer hierher kommt und den Bau betritt, der außen wie innen westliche und japanische Stilelemente verbindet, tut das wohl gezielt, wahrscheinlich, weil sich der japanische Name des Museums mit einem sehr wirksamen ästhetischen Programm verbindet. *Mingei* ist ein neu geprägtes Wort, das wohl auf den Philosophen Sōetsu Yanagi zurückgeht, der das Programm zusammen mit Hamada und Kawai repräsentierte und auch der Initiator des 1936 eröffneten Museums war, das immer noch so aussieht, wie Yanagi es gestaltete. Das Haus, in dem er bis zu seinem Tod lebte, ist gleich dem Museum gegenüber.

Mingei, so sieht man, wenn man die Sammlung des Museums betrachtet, ist keine Folklore, und schon gar nicht ist mit dem Wort die Handwerkskunst einer besonderen Nation gemeint. Yanagi, auf den die Sammlung des

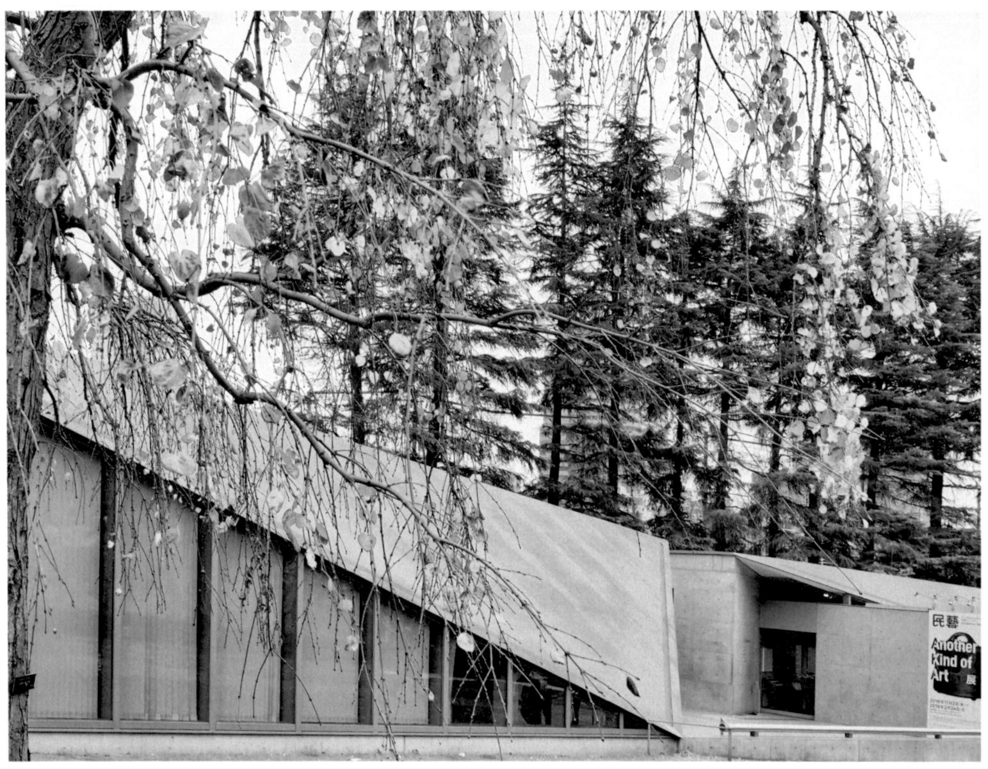

33. 21_21_Design Sight, Tokyo

Museums zurückgeht, hatte eine besondere Neigung zu Dingen, die aus Korea stammten. Entsprechend sind diese in der Sammlung zahlreich vertreten, und auch etliche der japanischen Stücke im Museum sind deutlich koreanisch beeinflusst – Keramikgefäße aus Karatsu zum Beispiel, grau mit stilisiert floralem Dekor. Aber es gibt auch Dinge aus China, aus Taiwan und sogar einige aus England, einen Windsor-Stuhl, einen Krug, einen mit Engobe bemalten Teller, der an die großen Teller Hamadas denken lässt. Diese Stücke sind wohl durch Bernard Leach, der dem Mingei-Kreis assoziiert war, ins Museum gekommen.

Was alle gesammelten Objekte verbindet, ist ihre Alltäglichkeit. Es sind Gebrauchsdinge, in großer Zahl und ohne künstlerische Ambition hergestellt, solche, die auch in eine Ausstellung gepasst hätten, die der gegenwärtige Direktor des Mingei-kan, Naoto Fukasawa, zusammen mit Jasper Morrison unter dem Titel *Super Normal* realisiert hat.[36] Es geht um die

36 Naoto Fukasawa / Jasper Morrison, *Super Normal. Sensations of the Ordinary*, Zürich 2007.

Schönheit der alltäglichen, den Alltag prägenden Dinge. Sie lässt sich entdecken, wenn man an den Regalen und Vitrinen des Museums entlang geht. Dabei sieht man vielleicht, dass die Grenze zwischen anonym hergestellten Alltagsdingen und der Handwerkskunst nicht klar gezogen ist. Manches Alltagsgefäß könnte auch von einem Künstler wie Hamada sein – ebenso wie manchen Gefäßen von Hamada die Selbstverständlichkeit des ‚Supernormalen' nicht fremd ist.

21_21 Design Sight ist ein Gebäude, das, vom Mingei-kan aus gesehen, weiter stadteinwärts liegt, im zentralen Stadtteil Akasaka, am Rand des weitläufigen Midtown Garden. Das Gebäude ist nicht sehr groß und es ist flach, ein stiller Einspruch gegen die rundum aufragenden Hochhäuser, und zum Teil in die Erde versenkt. Sein Dach faltet sich in zwei stumpfwinkligen Dreiecken aus, jedes aus einer großen Stahlplatte bestehend, auf einer Längsseite nach unten gezogen, so dass auch die markant unterteilten Fensterfronten zu flachen Dreiecken werden. Das Innere, durch einen eher schmalen Eingang zu betreten, ist ein Spiel mit dem Raum in seiner Weite und Enge, ein Spiel auch mit Licht und Schatten. So tritt man aus einem schwach beleuchteten Gang in einen lichten Saal, durch dessen Fenster man den Park draußen und die Hochhäuser der Umgebung sieht. Frei geführte Treppen und Rampen laden dazu ein, den Raum in verschiedenen Höhen zu erkunden. Die Wände sind aus jenem fast wie Marmor wirkenden Beton, den man auch von anderen Bauwerken Tadao Andos kennt.

Der Name des Gebäudes, man liest ihn schon auf einem schlichten Blechschild neben dem Eingang, spielt mit der Bezeichnung normaler Sehfähigkeit – 20/20 Vision. Er verspricht also größere oder schärfere Sichtbarkeit, und sofern sich das auf die Sichtbarkeit von Design bezieht, trifft es unbedingt zu. Erst indem sie aus dem Alltag herausgehoben und eigens gezeigt werden, wird man auf viele Designobjekte aufmerksam – vor allem, wenn sie ‚*super normal*' sind und also nicht auffallen sollen.

So war es auch mit Objekten aus dem Mingei-kan, als sie von Fukasawa für eine Ausstellung, *Another Kind of Art,* in der *Design Sight* aus-

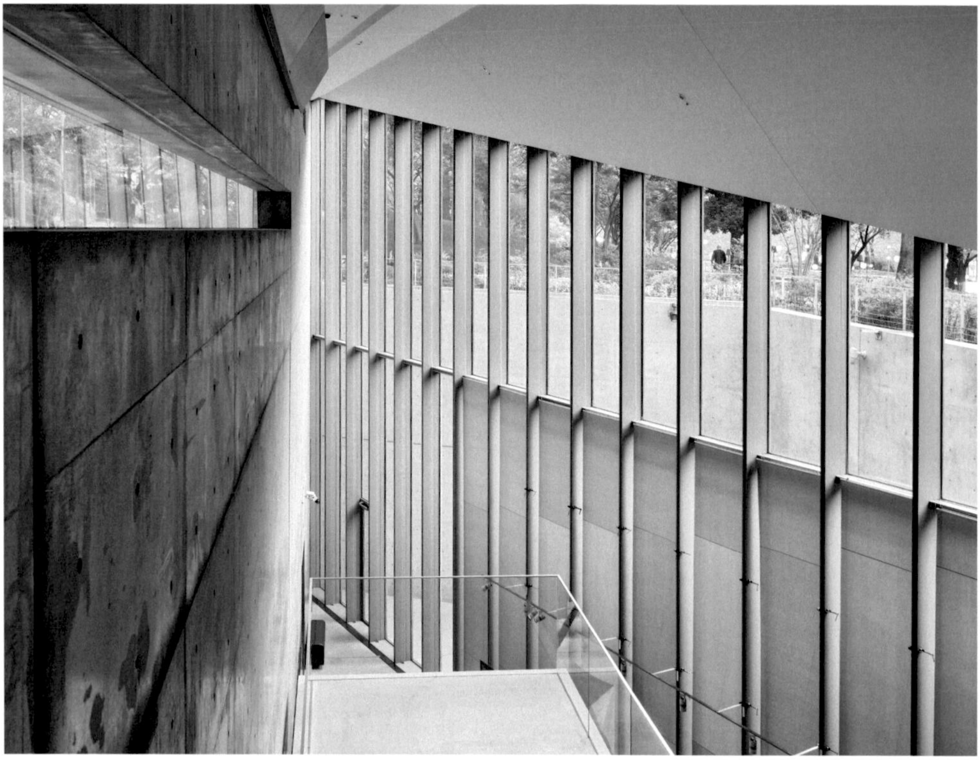

34./35. 21_21_Design Sight, Tokyo

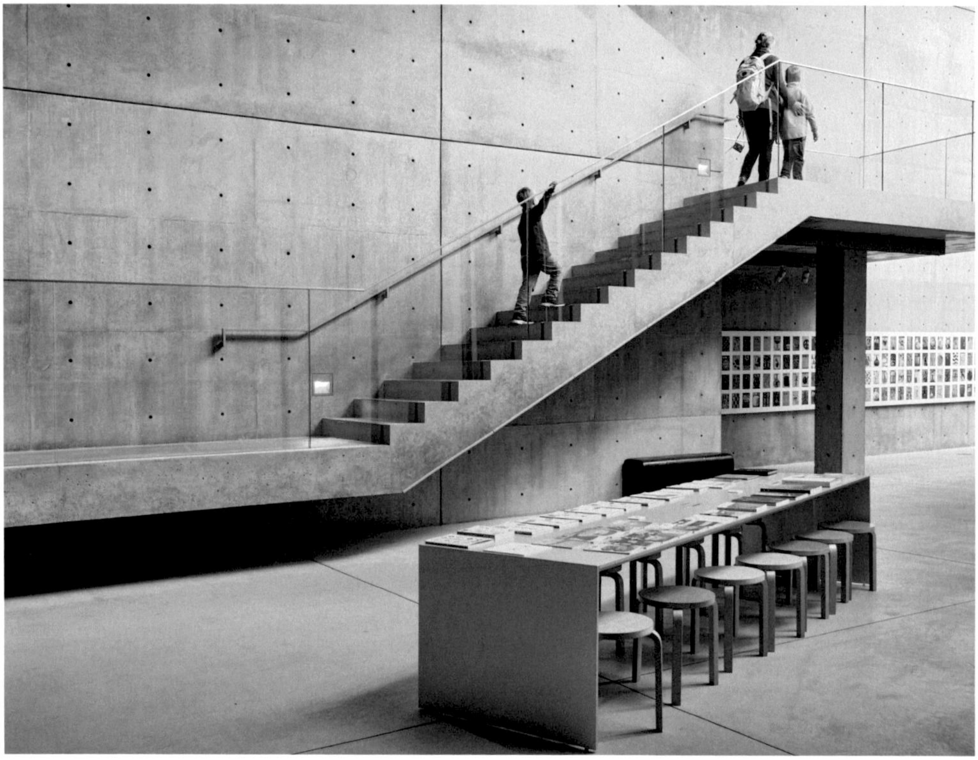

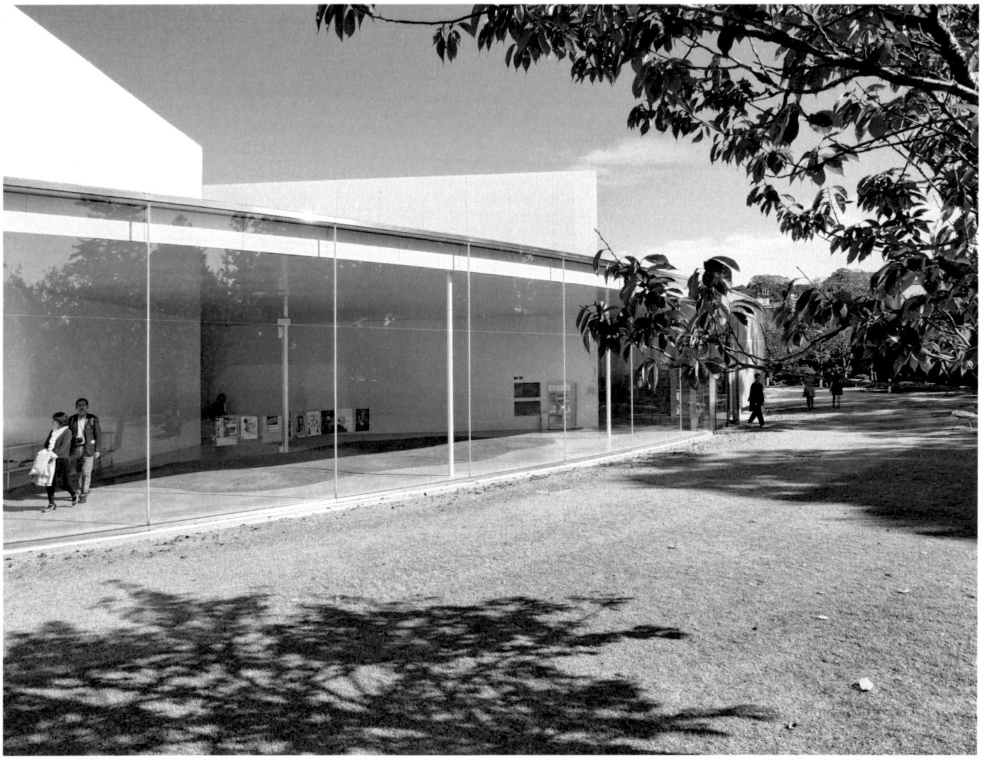

36./37. 21st Century Museum of Contemporary Art, Kanasawa

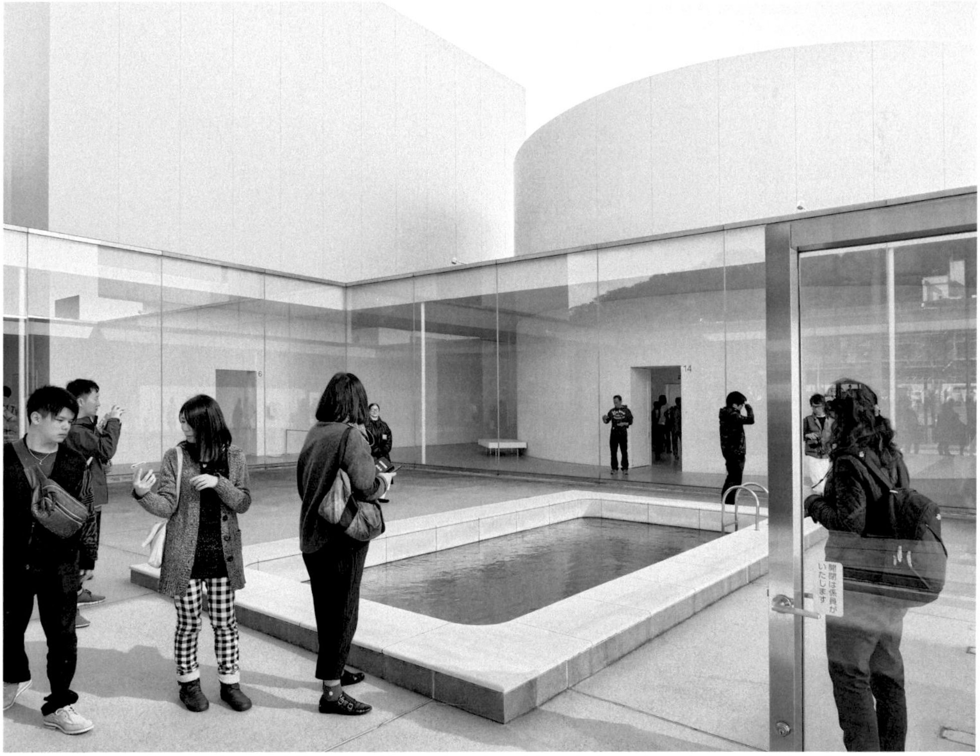

gewählt und gezeigt wurden. Sie fügten sich nicht mehr in ihre gewohnte, durch warme Farbtöne bestimmte und traditionell anmutende Umgebung ein, sondern wirkten vor Andos Betonwänden mit einem Mal wie erfrischt. Man sah einfach nur schöne Dinge und vergaß den romantischen Nimbus des ganz unwillkürlich Entstandenen, beinah Natürlichen, mit dem Yanagi sie immer auch versehen hatte. Mingei, so zeigte die Ausstellung, ist modern, nicht weniger als die alltäglichen schönen Dinge von heute. Es scheint sogar, als habe Yanagi in den anonymen Handwerksprodukten seiner Sammlung eine Schönheit der Dinge gesehen, die maßgeblich auch für industrielles Design sein könnte. Yanagis ältester Sohn Sori jedenfalls, der Mingei-kan nach seinem Vater und vor Fukasawa leitete, ist einer der wichtigsten Designer seiner Generation geworden. Etliche seiner Entwürfe, nicht nur der bekannte *Butterfly Stool* aus Schichtholz, sondern auch ein Küchensieb, ein schlichtes Alltagsding, werden nach wie vor produziert – vielleicht nicht zuletzt, weil sie schön sind. Andos *Design Sight* machte diese weder auf regionale noch auf zeitliche Kontexte beschränkte Schönheit des Alltäglichen an den Dingen aus dem Mingei-kan entdeckbar.

Das 21st Century Museum of Contemporary Art in Kanasawa an der Nordküste von Honshu ist ein ähnlich aufschlussreiches Bauwerk wie Andos Design Sight – kein neutrales Ausstellungsgebäude, sondern eines, das die Dinge, die es zeigt, in ihrem Erscheinen bestimmt. Dabei ist der Bau von Kazuyo Sejima und Ryūe Nishizawa, die unter dem Namen SANAA (Sejima and Nishizawa and Associates) zusammenarbeiten, ganz anders. Auf einem freien Platz mitten in der Stadt gelegen, ist er offen, und er zeigt seine Offenheit auch dort, wo er begrenzt ist. Sich ihm nähernd, läuft man auf einen großen Glaskreis zu, und man läuft an diesem entlang, bis man einen der Eingänge gefunden hat. Dabei sieht man oft andere Besucher, die auf der Innenseite der Glaswand entlanggehen, so dass Innen und Außen als zwei Möglichkeiten desselben gebauten Raums zu sehen sind. Nachdem man eingetreten ist, zeigt sich das Innere zunächst als ein weitläufiger Innenhof. In dessen Mitte ist ein Swimming Pool – genauer etwas, das

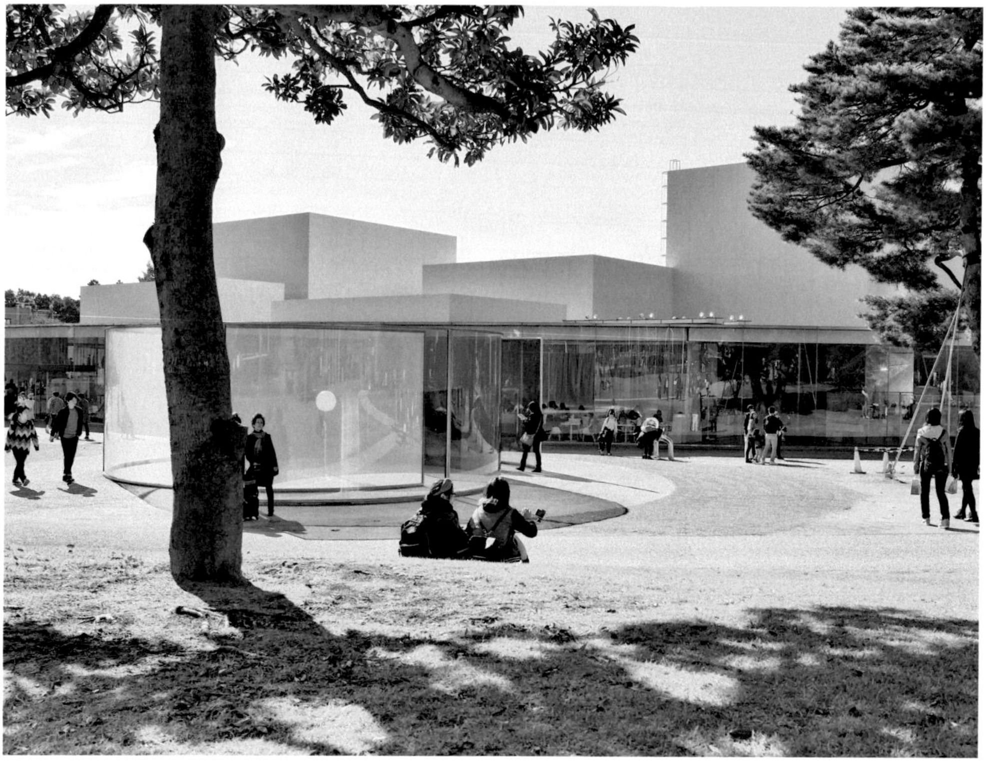

38./39. 21st Century Museum of Contemporary Art, Kanasawa

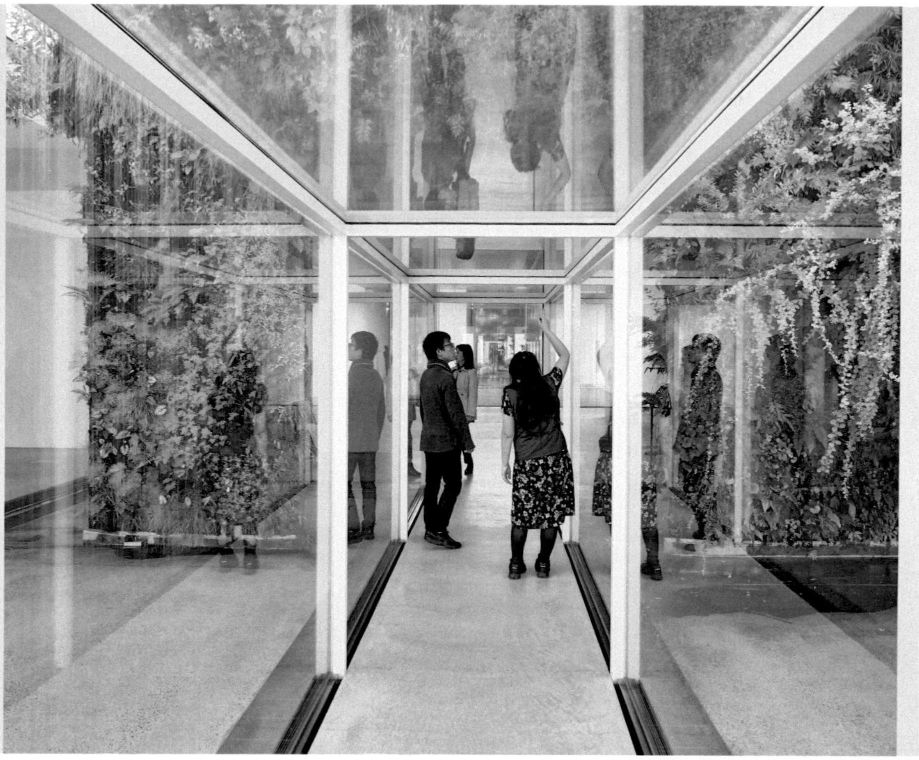

man für einen Swimmingpool halten könnte und das sich bei näherem Hinsehen als Kunstwerk, auch als künstlerischer Scherz erweist. Im Pool sieht man Besucher, als ob sie tief im Wasser stünden – aber sie stehen unterhalb einer starken Glasplatte, die das Wasser an der Oberfläche des Pools hält, so dass man den Raum darunter betreten kann. Von dem Innenhof, eingelassen in ein Atriumdach, gehen mehrere Räume ab. Diese sind als ein Zylinder und mehrere Kuben in den alles umfassenden Glaskreis des Bauwerks gestellt; schon während man sich diesem von außen nähert, sieht man sie aufragen.

Das Museum ist ein betont öffentlicher Ort, keine abweisende Schatzkammer. So zeigt es, wie die Kunstwerke, die es birgt, gesehen und verstanden werden sollen. Diese, zwar in den fensterlosen Ausstellungsräumen nicht weniger geschützt als in anderen guten Museen, wirken nicht abgeschirmt, sondern mit dem Gebäude selbst zugänglich gemacht. Das Gebäude lädt dazu ein, betreten zu werden, und dazu, es im Inneren zu erkunden. Es führt auf die Kunst hin, direkt und auch auf überraschenden Wegen. Die Gänge zwischen den Ausstellungsräumen geben überraschende Ausblicke auf Kunstwerke frei, man entdeckt noch mehrere Innenhöfe, und ein Teil ist wie ein dichter, hinter Glas gehaltener Garten – darin wohl ein Gegenstück zu Kenroku-en, einem großen Landschaftsgarten aus dem 17. Jahrhundert, der zu den schönsten des Landes gezählt wird und in wenigen Minuten vom Museum aus zu Fuß erreichbar ist. So können beide, der traditionelle Garten und der moderne des Museums, nebeneinander erkundet werden.

Das D.T. Suzuki Museum ist nicht sehr weit von Sejimas und Nishizawas Bau entfernt. Es ist in sich geschlossen und bildet darin zu diesem Bau einen Kontrapunkt. Vielleicht wurde es von seinem Architekten Yosio Taniguchi sogar als solcher gesetzt. Das Kunstmuseum gibt es seit 2004, während Taniguchis Bau 2011 fertig wurde.

Was man von diesem Bauwerk als erstes sieht, wenn man auf es zugeht, ist ein fensterloser Kubus mit einem weit überkragenden flachen Dach. Hat man die Anlage betreten, sieht man, dass der Kubus in eine quad-

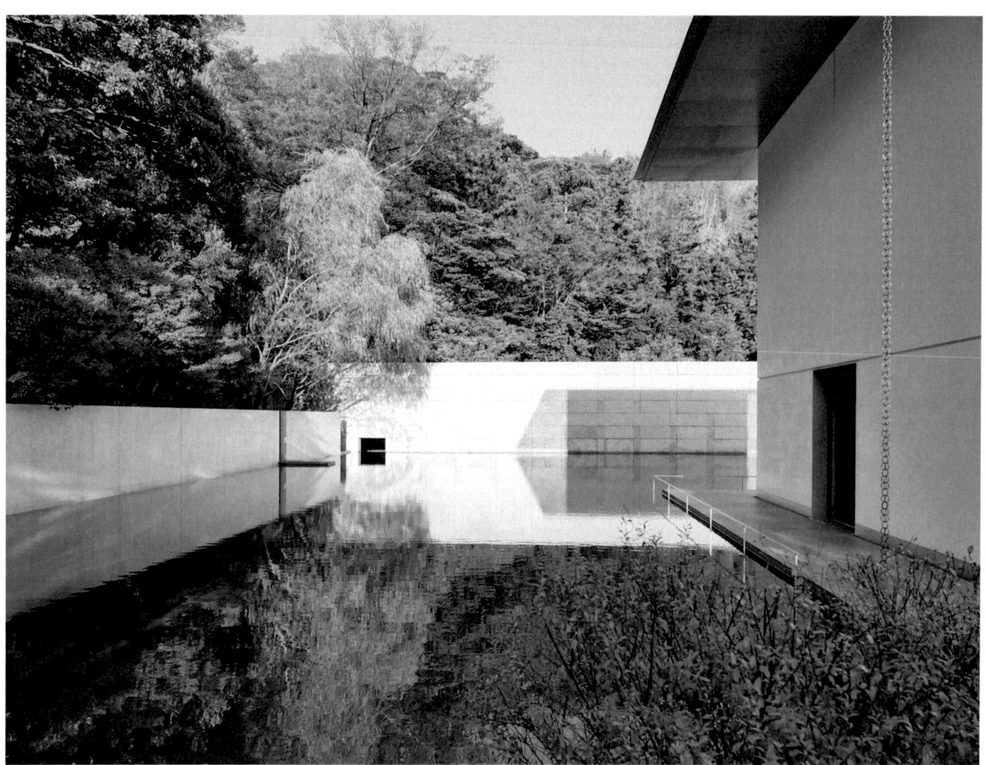

40. D.T. Suzuki-Museum, Kanasawa

ratisch erscheinende, auf allen Seiten durch geschlossene Wände begrenzte Wasserfläche gesetzt ist. Diese Wände erinnern an Mauern, die einen Garten von der ihn umgebenden und mitprägenden ‚geliehenen Landschaft' (*shakkei*) abgrenzen. Hier sind es dichte, hohe Bäume, die sich hinter der Begrenzung erheben. Der Kubus selbst öffnet sich auf seinen drei ins Wasser ragenden Seiten auf dieses hin – große Türen führen nach draußen, so dass man durch sie auf eine das Gebäude umgebende nicht allzu breite Terrasse treten kann. Auch kann man sich jedoch im Inneren auf einen der dafür wohl vorgesehenen flachen Tische setzen und auf das Wasser wie auf einen Kiesgarten nach draußen schauen.

Der Kubus ist ein Meditationsort. Durch einen Ausstellungsraum auf der vom Eingang aus gesehen rechten Seite der Wasserfläche wird er nur ergänzt. Und es leuchtet ein, dass ein Gedenkort für den in Kanazawa geborenen Daisetsu Teitaro Suzuki vor allem ein Meditationsort ist. Suzukis Lebensthema war der Zen-Buddhismus und damit keine religiöse Lehre,

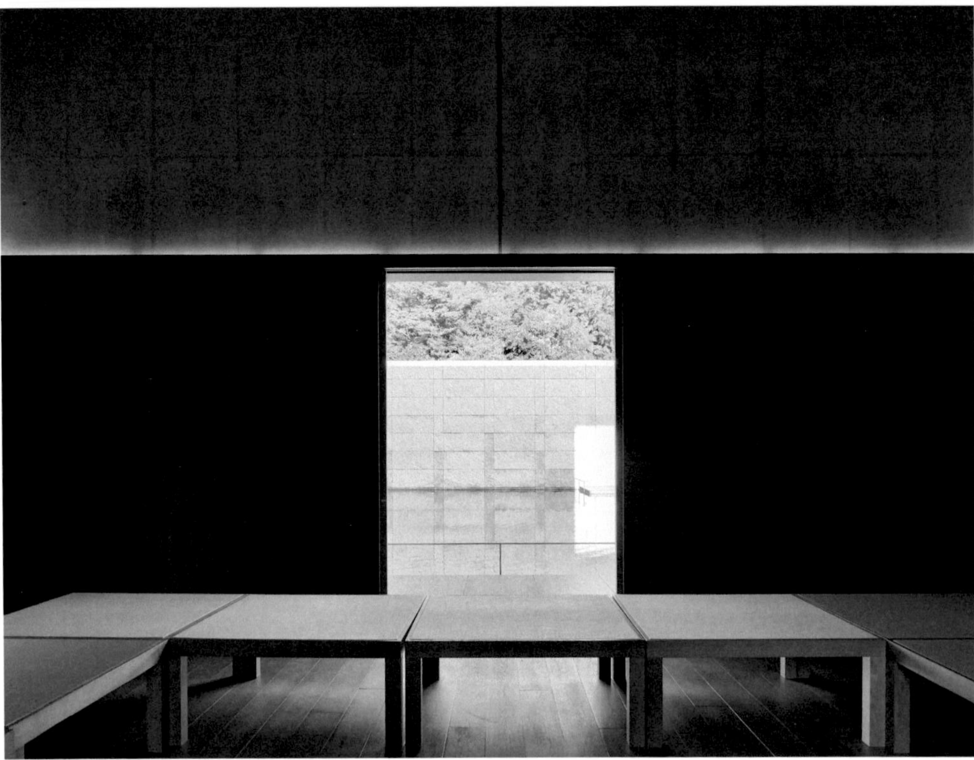

41. D.T. Suzuki-Museum, Kanasawa

sondern eine meditative Praxis. In seinem umfangreichen Werk, Büchern, Aufsätzen und Vorträgen, auf Japanisch oder Englisch geschrieben, hat Suzuki wie kein anderer versucht, diese Praxis zu erläutern und solchen, die einen Sinn für sie hatten, nahezubringen, mit enormer Wirkung in Europa, das er bereiste, und in den USA, wo er eine Zeit lang lebte und sich immer wieder aufhielt. Die Zen-Bezüge von Künstlern wie Ad Reinhart und Philip Guston gehen direkt auf Suzuki zurück, auch John Cage, der seinerseits Jasper Johns und Robert Rauschenberg beeinflusste, hat in ihm einen Lehrer gesehen.[37]

Suzuki hatte keine Bedenken, das Wesentliche des Zen durch Vergleiche zu erläutern, etwa indem er die ‚Erleuchtung', *satori*, die beim Meditieren eintreten kann, mit dem von Kierkegaard beschriebenen ‚Sprung' in den christlichen Glauben verglich. Nicht auf den je besonderen Kontext kam es

37 Alexandra Munroe (Hg.), *The Third Mind. American Artists Contemplate Asia, 1860-1989*, New York 2009. Darin besonders: 145-157, 199-215, 287-299.

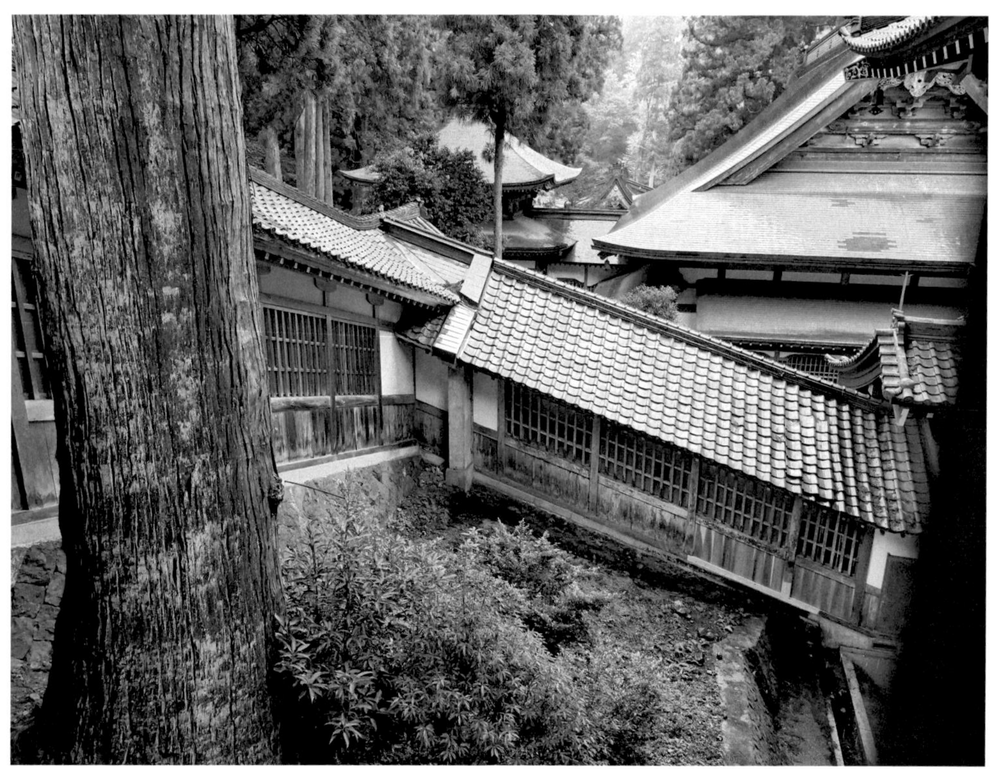

42. Eihei-ji

ihm an, sondern darauf, dass die unmittelbare Erfahrung und nicht deren Verständnis oder Reflexion das Wesentliche ist. Zen war für ihn kein dem ‚westlichen' Denken unzugängliches Geheimnis, wohl aber eine Möglichkeit des Lebens, die sich allein erschließt, indem sie gelebt wird.

Eihei-ji ist eine Tempelanlage, die zu den größten und wichtigsten des Zen-Buddhismus gehört. Man kommt dorthin, indem man von Kanazawa nach Süden fährt, vielleicht auf dem Weg nach Echizen, das ein traditionsreicher Keramikort, einer der sechs Alten Öfen, ist. Eihei-ji liegt mitten im Wald, die Straße zum Tempel führt lange zwischen dicht stehenden Bäumen hin, und auch, wenn man die Anlage erreicht hat, öffnet sich keine Lichtung. Der Wald umhüllt die Gebäude, und so ist es noch mehr, wenn er regennass ist. Dann scheint die mächtige, sich einen Berg hinan ziehende Tempelanlage im mit Wasser vollgesogenen dunklen Grün fast zu verschwinden.

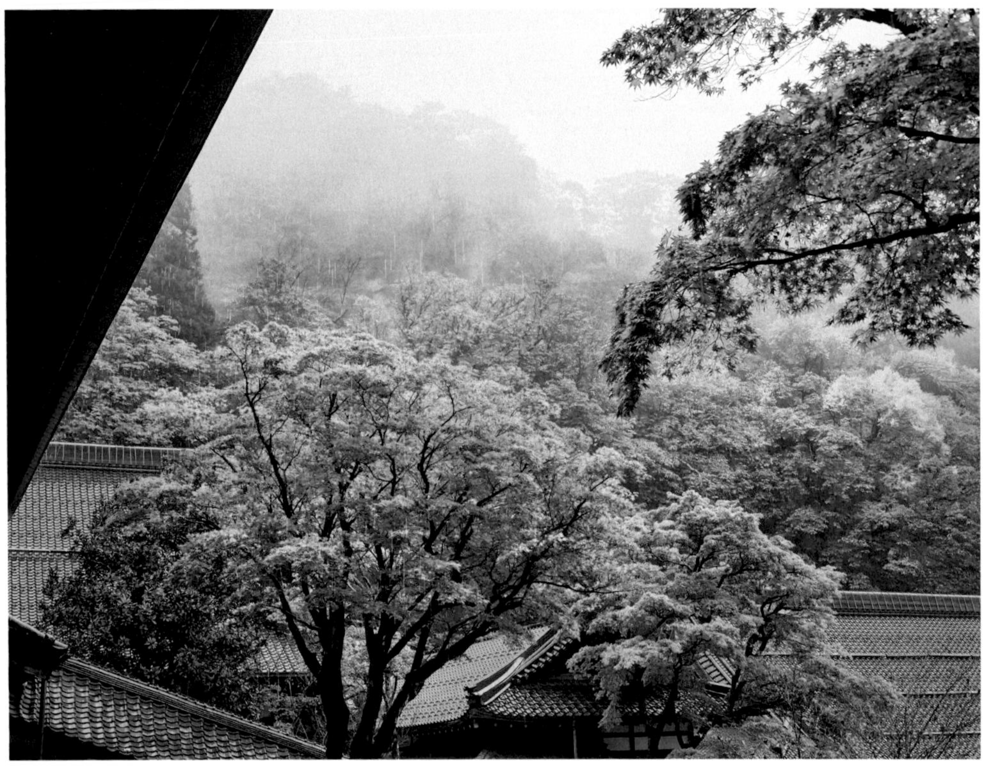

43. Eihei-ji

In einem Vorraum, in dem man seine Schuhe abstellt, bevor man die Tempelanlage betritt, wird man in mehreren Sprachen mit Ratschlägen im Sinn des Tempels versehen. Hat jemand seine Schuhe nicht ordentlich platziert, also parallel zueinander und mit den Spitzen zum Ausgang, soll man das einfach nachholen. Zen bedeutet offenbar nicht nur die quasi-mystische Versenkung, sondern auch, bewusst das Alltägliche zu tun – nicht aus Pedanterie, sondern damit die Dinge ihre Ordnung haben und man selbst aus der Ordnung der Dinge lebt.

Und es bedeutet, zumindest für die klösterliche Variante des Zen, nicht besonders empfindlich zu sein. Auch wenn es kalt und feucht ist, tragen die Mönche, es sind viele junge dabei, Novizen oder Adepten wahrscheinlich, einen leichten baumwollenen Anzug, indigoblau, an den Füßen lediglich Sandalen. Durch beiseite geschobene *shōji*-Türen schaut man ins Innere eines großen Gebäudes, allem Anschein nach eines Wohn- und Schlafhauses: Tatamimatten dicht nebeneinander gelegt, eine für eine Person, am Kopfende ein paar alltägliche Dinge wie Essgeschirr. John Pawson, Architekt und Designer, der als junger Mann Zen-Mönch werden wollte und sich dafür Eihei-ji ausgesucht hatte, hielt das eine Nacht und einen Tag lang aus.[38]

Naoshima ist eine Insel in der Seto-Inlandsee. Man erreicht sie von Okayama aus, und da die Insel nicht weit von der Küste entfernt ist, dauert die Überfahrt mit der Autofähre weniger als eine Stunde. Obwohl die Insel in einer Meerenge liegt, hat man von ihr aus einen weiten Blick über die See, die sich nach beiden Seiten auf die große Insel Shikoku und auf vorgelagerte kleinere Inseln hin öffnet.

Naoshima ist eine Kunstinsel. Von den vielen Skulpturen, die es zu entdecken gibt, ist Yayoi Kusamas gelber, mit schwarzen Punkten versehener Riesenkürbis, direkt am Strand aufgestellt, nur die spektakulärste. Drei Museen gibt es, alle drei von Ando, nämlich das Benesse House Museum, das Chichu Museum und das Lee Ufan Museum. Ein kleines, innen von Ando gestaltetes Museum für ihn selbst findet man auch, dazu das Art House Project, künstlerische Installationen zum Teil in alten Häusern des Ortes Honmura, und eine Galerie mit großformatigen Photographien von Hiroshi Sugimoto.

Durch seine Museen ist Naoshima zugleich eine Architekturinsel. Andos Bauten prägen den Ort, zumal es besonders starke Bauten sind, solche, die zu seinen Hauptwerken gehören. Und es ist eine Insel, auf der die Landschaft, Berge und Wasser, besonders intensiv zu erfahren ist. Immer wieder findet man neue Blicke über die Inlandsee mit ihren Inseln und über den weitläufigen Strand, man entdeckt Buchten und Aussichtsorte, Plätze, an denen man sich, einfach nur schauend, aufhalten mag.

Kunst, Architektur und Landschaft gehören auf Naoshima besonders eng zusammen. Andos Museen sind keine neutralen Ausstellungsgebäude. Das Chichu Museum ist ein in den Berg gesetzter Bau, der ganz auf die

38 Deyan Sudjic, *John Pawson. Making Life Simpler*, London 2023, 53.

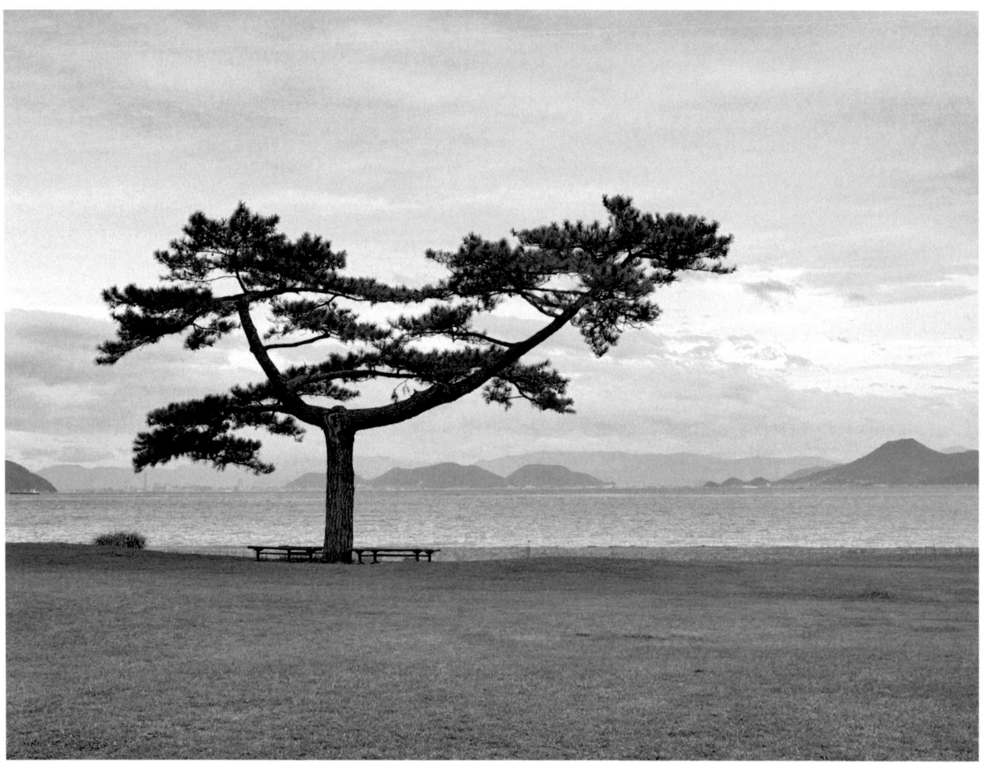

44. Naoshima

Werke hin konzentriert, die es versammelt, ohne die Räume von der Außenwelt abzuschließen. Sie sind ohne künstliche Beleuchtung, das Tageslicht dringt durch Oberlichter in die Räume ein. Man sieht großformatige Seerosenbilder Monets, eine Installation Walter de Marias, Lichtkunst von James Turrell. Den Raum für die Arbeit de Marias hat Ando zusammen mit diesem gestaltet, so dass der Raum zusammen mit der großen Steinkugel und den an den Wänden aufgestellten vergoldeten Stelen ein integrales Kunstwerk bildet. Man sieht die Installation vom Raum her, ebenso wie man den Raum von der Installation her sieht, beides miteinander verschränkt zu einer je nach Lichteinfall sich abwandelnden Erscheinung. In einem anderen Raum sieht man Turrells wie materiell gewordenes blaues Licht, in das man meint eintauchen zu können. Und man sieht vielleicht auch, dass Monets Seerosenbilder eine Farbwirkung haben, die der bei Turrell ganz ähnlich ist – Licht und Materie so ineinander, dass sie nicht mehr zu unterscheiden sind.

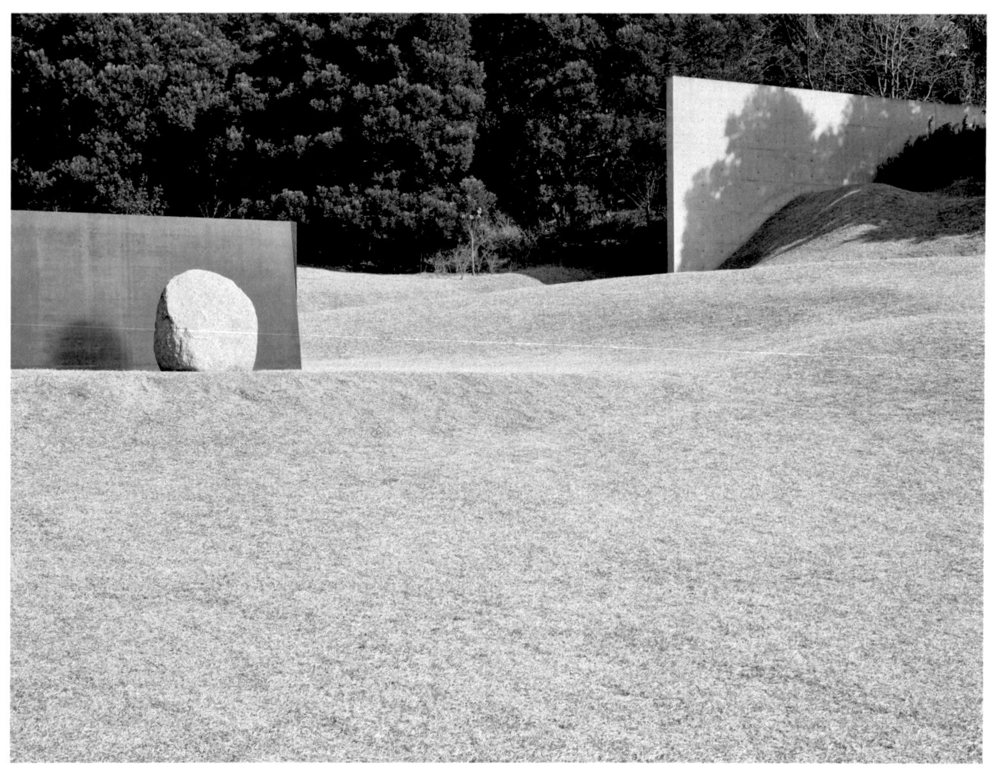

45. Lee Ufan Museum, Naoshima

Im Lee Ufan Museum und vor allem in dessen Außenbereich bilden skulpturale Elemente wie ein von Lee gesetzter Stein und Andos Wände ein Ganzes. Das Museum ist kein in die Landschaft gesetztes Bauwerk, sondern eine Landschaftsgestaltung, die zu einem Teil der Landschaft geworden ist. Die Wand vor dem Museum schneidet so in den Boden, dass sie dessen sanfte Wellung hervortreten lässt, die Wellung des Bodens gibt der Wand ihre klare Kontur.

Selbst das Benesse House Museum, das flexibler genutzt werden kann als die anderen Museen, ist durch einige Dauerexponate in seinem Charakter bestimmt. Eine Terrasse, die sich im Halbrund zwischen Betonwänden zur Inlandssee hin öffnet, so wie sich ein traditionelles Haus, dessen *shōji*-Türen aufgeschoben sind, zum Garten hin öffnen würde, ermöglicht einen doppelten Blick auf die See. An den Wänden sind Photographien von Hiroshi Sugimoto zu sehen, aus seiner Serie der *Seascapes,* wetterfest in durchsichtigen Kästen geschützt. See und photographisches Seebild

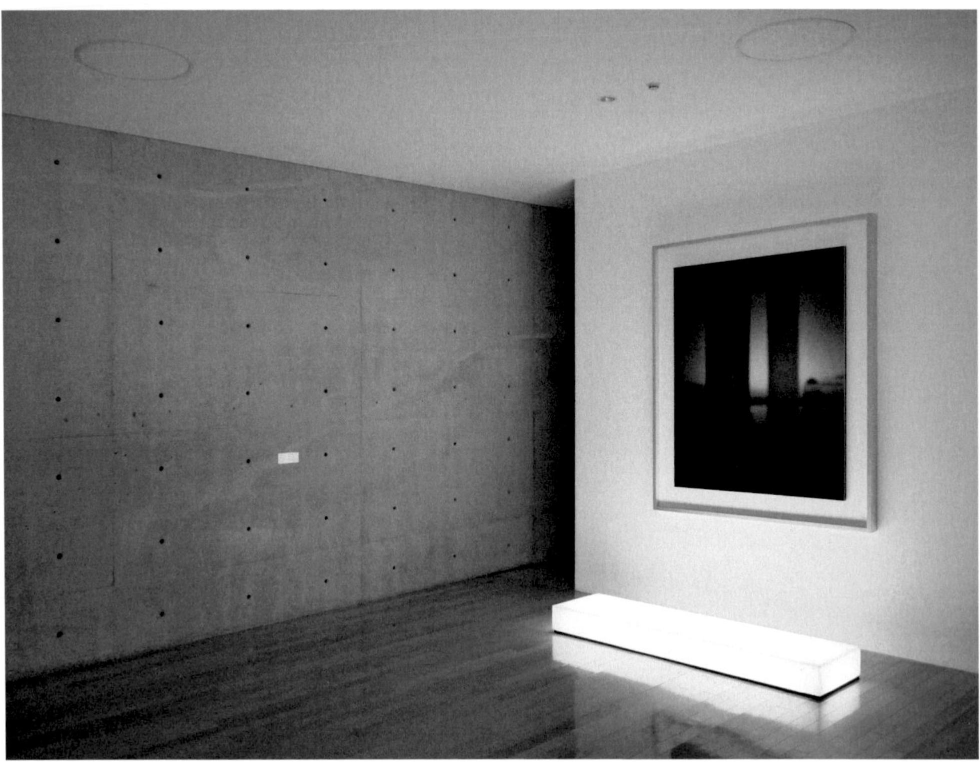

46. Sugimoto Galerie, Naoshima

ergänzen einander, man sieht die See mit ihrer Küstenlinie und ihren Inseln als Bild und dazu die Bilder des offenen, bei verschiedenen Lichtverhältnissen photographierten Meeres.

Ein anderes Ensemble ist im ersten Stock des Benesse House zu entdecken. Ein Steinkreis Richard Longs, der auf einer überdachten Terrasse ausgelegt ist, korrespondiert mit einem Kreis aus Treibholz im Inneren und mit zwei aus Flussschlamm auf die Innenwand gemalten Kreisen, wobei die Korrespondenz zugleich Spiel von Innen- und Außenraum ist. Auch hier gehören Kunst, Architektur und Landschaft zusammen, ähnlich wie in Katsura-rikyū, auf dessen eigens zur Betrachtung des Mondes errichteter Plattform Long mit dem Namen seines Steinkreises, *Full Moon Stone Circle*, anspielt. Von Andos Terrasse schaut man über Longs Mond-Steinkreis hinweg auf Küste und Wasser, so dass man alles drei, den Steinkreis, den gebauten Raum und die Landschaft, zusammensieht – ein Bild, das sich einprägt.

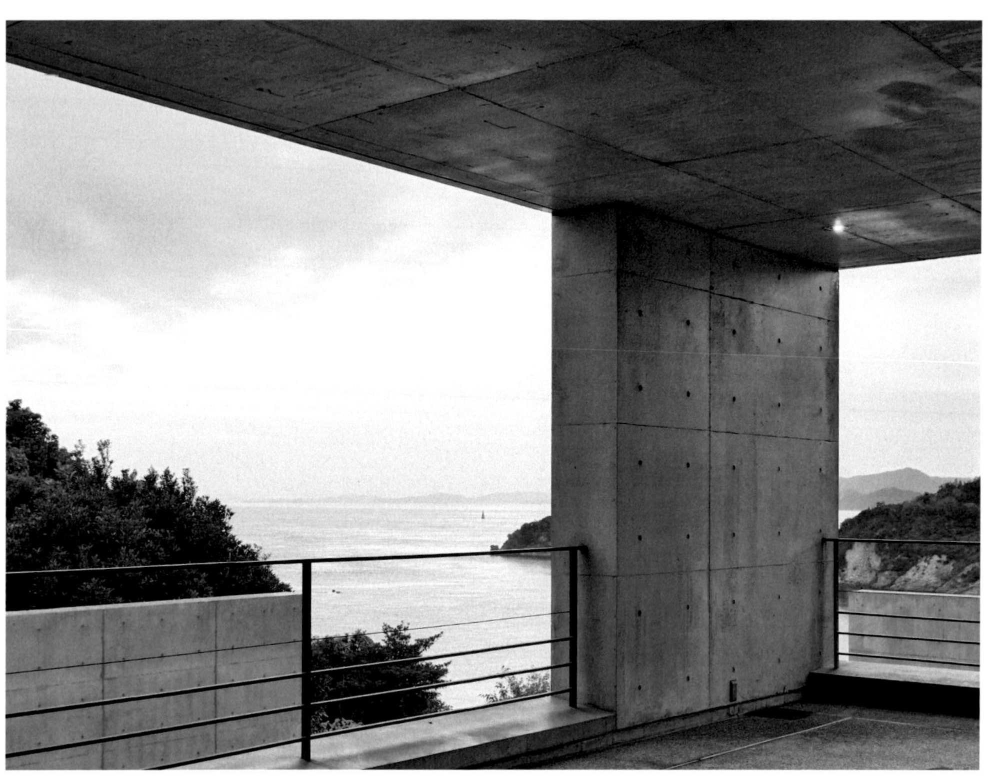

47. Benesse House, Naoshima

Gewiss könnte man Naoshima auch für einen Tag besuchen. Doch in Honmura gibt es mannigfache, auch sehr einfache Übernachtungsmöglichkeiten, und zur Konzeption dieser sehr besonderen Insel gehört, dass man in einigen von Andos Bauten, inmitten von Kunst und Landschaft, auch wohnen kann. Benesse House Park und Beach sind Hotels, letzteres birgt im Untergeschoss eine Galerie mit großformatigen Photographien von Sugimoto, das Benesse House, auf dem Sattel eines zum Strand hin abfallenden Bergs errichtet, ist Museum und Hotel zugleich. Noch abends spät oder morgens früh, bevor das Museum für Besucher öffnet, kann man sich etwa vor Longs Treibholzkreis setzen und über den Kreis hinweg nach draußen auf die Inlandsee schauen. Und wohnt man in dem in die Kuppe des Bergs eingelassenen, *Oval* genannten Ergänzungsbau zum Benesse House, so befindet man sich in einem architektonischen Kunstwerk, einem ovalen Rundbau, den man vorbei an einem gebauten Wasserfall betritt und dessen Inneres eine Wasserfläche bildet. Es könnte eine architektonische Ant-

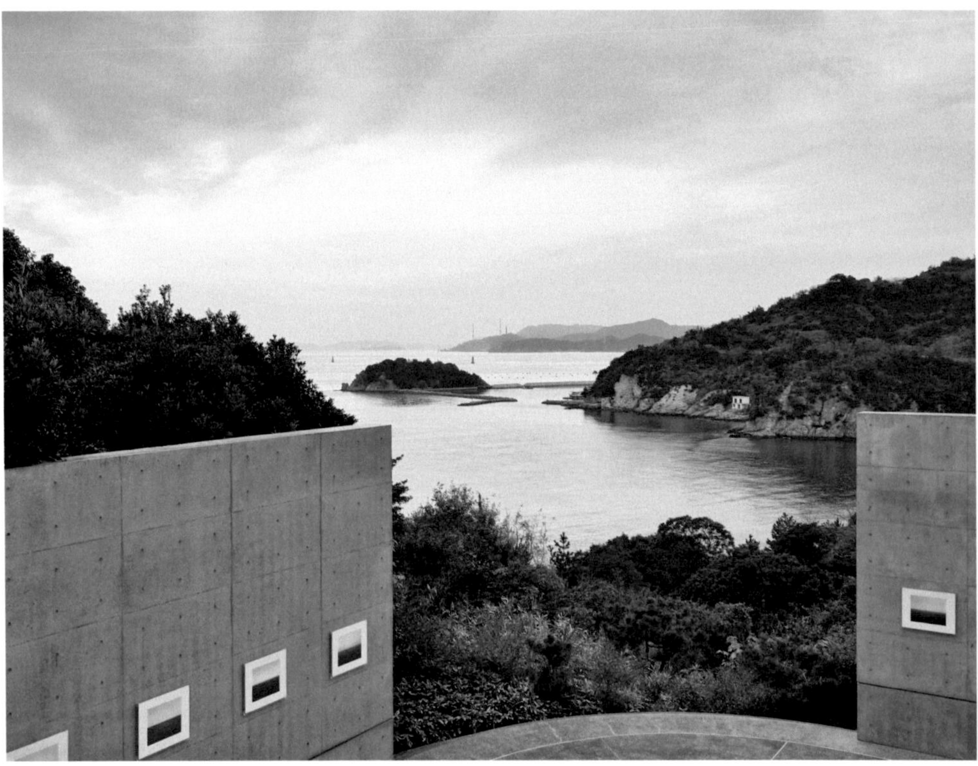

48. Benesse House, Naoshima

wort auf Longs Kreise sein. Aus den Fenstern der Zimmer und von der das Gebäude umgebenden Terrasse hat man weite Blicke über die See.

Naoshima ist ein Ort, der die Sinne wach werden lässt, weil man mit dem, was sich den Sinnen bietet, in einem Landschaft, Baukunst und Kunst einbegreifenden Raum ist, einem aufnehmendem Raum, zu dem alles gehört, was in ihm erscheint und der, wie ein Garten, allem seinen Ort lässt. Eine Insel als Garten.

TESHIMA liegt neben Naoshima. Man kommt mit einem Motorboot von Omnibusgröße dorthin, das bei lebhafterem Seegang heftig schaukelt. Auf der Insel geht man vom Hafen bergauf und braucht eine Weile, bis man das Teshima Art Museum erreicht hat. Es sieht anders aus, als man vielleicht erwartet hatte. Der Bau von Ryūe Nishizawa ist eine Betonschale in der Form eines Wassertropfens. Zwei große runde Öffnungen sind in sie einge-

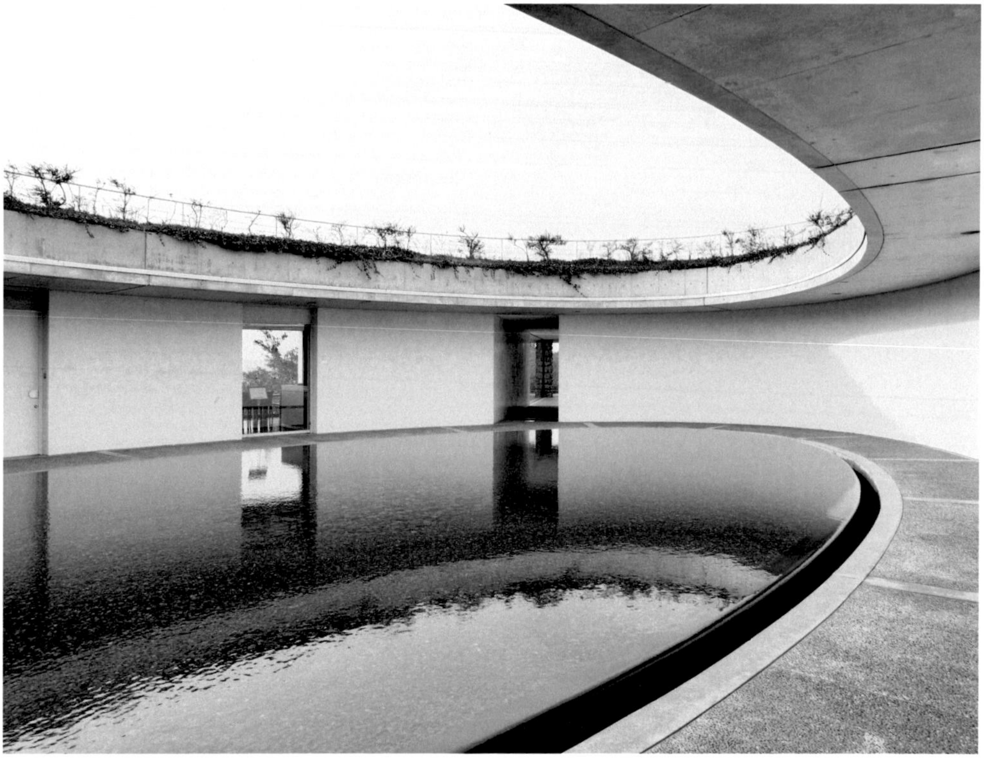

49./50. Oval, Naoshima

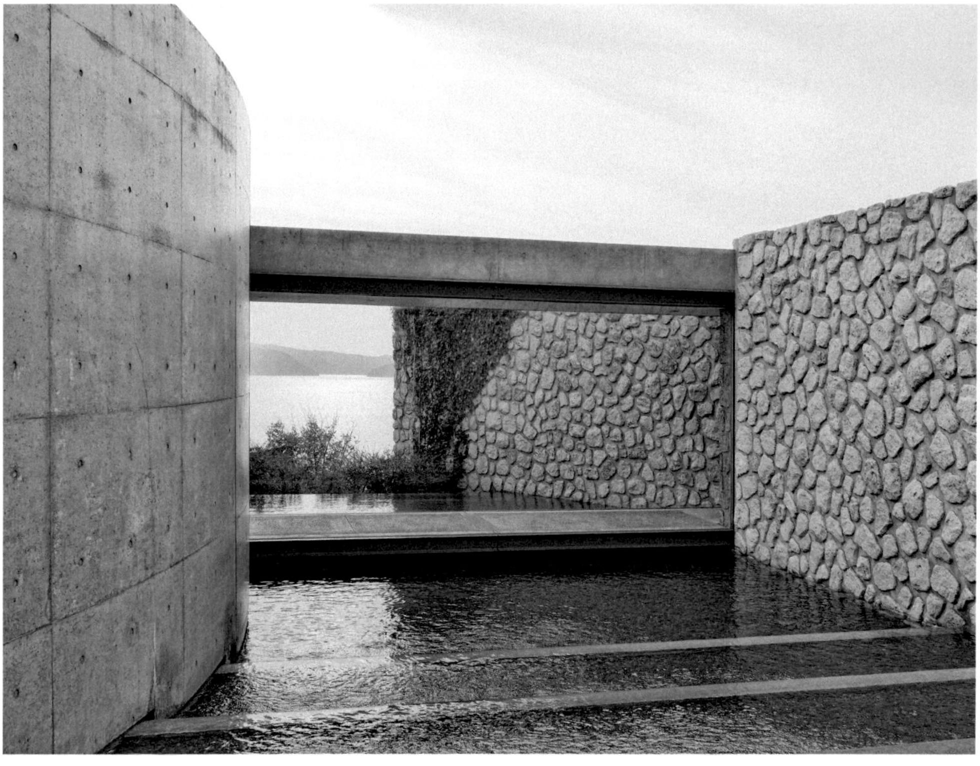

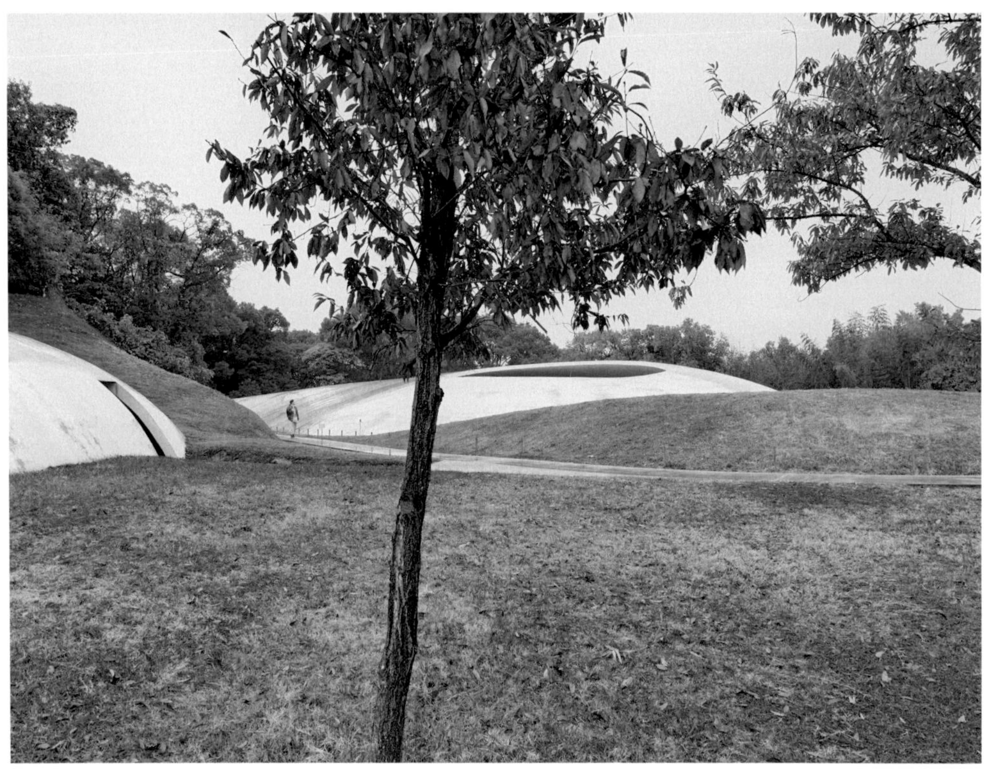
51. Teshima Art Museum

schnitten, so dass Licht, auch Regen und Wind nach innen gelangen können und man in einen je nach Wetter immer wieder anderen Himmel schaut.

Hat man die Schale betreten, sieht man erst, wie groß sie ist, eine an den höchsten Stellen vielleicht vier Meter hohe Halle. Sie ist leer, bis auf die Besucher, die meist, stehend oder hockend, auf den Boden schauen. Es ist still, und sollte sich irgendwo ein lauteres Gespräch entwickeln, bittet jemand vom Personal sofort um Ruhe.

Schaut man wie die anderen auf den Boden, eine glatte Betonfläche, bemerkt man, dass an manchen Stellen Wasser austritt, und zwar, wie man vielleicht erst auf den zweiten Blick sieht, aus kleinen, kaum sichtbaren Düsen. Es ist meist nicht viel, ein großer Tropfen vielleicht, der emporquillt, eine durch die Bodenspannung gebildete Form annimmt, eine Weile verharrt und sich dann auf dem Betonboden bewegt, manchmal zögert, als müsse er seine Richtung erst noch finden. Auch kann es sein, dass ein solcher Tropfen sich teilt und ein Teil schneller als der andere in Bewegung gerät. Die Bewe-

Weitere Publikationen von Günter Figal sind lieferbar:

Günter Figal – Japanbilder

Japan gilt nach wie vor als besonders fremdes, „exotisches" Land. Diese Annahme beruht darauf, dass man sich ein Bild des Landes macht und derart festlegt, was als fremd und was als vertraut gelten soll. Günter Figal zeigt an Martin Heidegger, Roland Barthes sowie einer Romanfigur von Marion Poschmann, was das im Einzelnen bedeuten kann. Und er zeigt, am Beispiel des Architekten Bruno Taut und des Komponisten und Zeichners John Cage, was die Alternative dazu wäre: Die Bilder einer erfahrenen Sache, z. B. einer Kultur, auf sich wirken zu lassen, von der Sache selbst her.

2024. Text und Fotografien von Günter Figal.
88 Seiten, 52 Abb., Deutsch, 17 x 22,5 cm. Broschur, Fadenheftung.
27,00 EUR - ISBN 978-3-86833-333-6

Günter Figal – Ästhetik der Architektur

Welche Gebäude sind schön? Philosophisch ist diese Frage eher ein Randthema gewesen. Dafür wird sie öffentlich breit und oft kontrovers diskutiert: Palast der Republik oder Hohenzollernschloss, Technisches Rathaus oder nachempfundene Altstadt – neu oder alt? Günter Figal nimmt solche Debatten zum Anlass, nach zuverlässigen Kriterien für die ästhetische Beurteilung von Architektur zu fragen – nach solchen, die auf schöne alte Bauwerke ebenso zutreffen wie auch auf schöne neue.

2021. Text und Fotografien von Günter Figal.
144 Seiten, 17 x 22,5 cm, deutsch, 64 Duotone-Abbildungen, Hardcover, Fadenheftung.
38,00 EUR - ISBN 978-3-86833-303-9

Günter Figal – Japan im Westen
Kengo Kumas Meditation House im Kranzbach

Ein Haus mitten im Wald, von dem japanischen Architekten Kengo Kuma auf eine kleine Lichtung gebaut – ein Meditationshaus, das zum Hotel Kranzbach am Fuß der Zugspitze gehört. Figal beschreibt, wie Kumas Haus die Erfahrung des einfachen Daseins in der offenen Weite des Raumes ermöglicht und wie seine Architektur sich in der Schwebe zwischen traditioneller japanischer Baukunst, westlicher Moderne und regionalen alpinen Elementen hält – ein Stück ‚Japan im Westen'.

2020. Text und Fotografien von Günter Figal.
64 Seiten, 24 x 17 cm, deutsch, 15 Abbildungen, Kartoniert, Softcover, Fadenheftung.
26,00 EUR - ISBN 978-3-86833-280-3

Günter Figal – Gefäße als Kunst
Erfahrungen mit japanischer Keramik

Können Gefäße Kunstwerke sein – so wie Skulpturen und Bilder? Um das zu klären, stellt Günter Figal die Frage, was Kunst sei, neu – von den Gefäßen aus. Er lotet aus, wie die Kunst der Gefäße mit der japanischen Teekultur zusammenhängt, beschreibt handwerkliche Techniken und stellt wichtige Vertreter der internationalen keramischen Gegenwartskunst vor. Vor allem denkt er über die eigentümliche Schönheit der Gefäße nach. Die Fotografien des Autors ergänzen den Text, indem sie von Orten der Gefäßkunst – Werkstätten, Galerien, Museen und Privathäusern – erzählen.

2019. Texte von Günter Figal. Fotografien von Günter Figal und anderen.
128 Seiten, 16,5 x 22 cm, deutsch, 109 Abbildungen, Hardcover, Fadenheftung.
29,80 EUR - ISBN 978-3-86833-260-5

Günter Figal – Ando. Raum, Architektur, Moderne

Die Auseinandersetzung mit der Architektur mag weitgehend philosophisches Neuland sein. Doch nicht für den Freiburger Phänomenologen und Hermeneutiker Günter Figal. Nachdem sich Figal mit Peter Zumthor und Frank Lloyd Wright befasst hat, setzt er den Dialog nun mit Bauten von Tadao Ando fort. Ein längerer Japan-Aufenthalt im Herbst und Winter 2016/17 ging diesem Band voraus, der eigentlich ein Essay in mehreren Kapiteln ist.

2017. Text und Fotografien von Günter Figal.
172 Seiten, 17 x 22,5 cm, deutsch, 100 s/w Abbildungen, Broschur, Fadenheftung.
34,00 EUR - ISBN 978-3-86833-220-9

Günter Figal – Unwillkürlichkeit. Essays über Kunst und Leben

Die Kunst ist für das Leben von Bedeutung, sofern sie nicht den Interessen des Lebens unterworfen ist. Günter Figal entwickelt diesen Gedanken, indem er nach den einfachen Dingen und dem einfachen Leben fragt, darüber nachdenkt, welche Dinge zum Anfassen gemacht sind und welche nicht, was die Künstler tun, wenn sie nichts beabsichtigen und wie es sich im Raum der Bilder verweilen lässt. Erläutert werden Werke von Frank Lloyd Wright, John Pawson, Donald Judd, Young-Jae Lee, Tanimoto Kei, Jan Kollwitz, Julius Bissier, Kammerer-Luka und Agnes Martin.

2016. Texte von Günter Figal.
112 Seiten, 16,5 x 21 cm, deutsch, 25 Abbildungen, Broschur, Fadenheftung.
24,00 EUR - ISBN 978-3-86833-187-5

Günter Figal – Einfachheit. Über eine Schale von Young-Jae Lee
Simplicity. On a Bowl by Young-Jae Lee

Natürlich ließe sich auch einfach sagen, die Schale sei schlicht. Doch Günter Figals Essay ist gleichermaßen eine Meditation über ein Ding als auch über die Einfachheit selbst. Der Gegenstand, an dem sich der Philosoph bei seinen Überlegungen orientiert, ist eine Schale der international renommierten Keramikerin Young-Jae Lee.

2014. Texte von Günter Figal.
60 Seiten, 21,5 x 21,5 cm, deutsch, englisch, 3 Farbabbildungen, Klappenbroschur, Fadenheftung.
23,00 EUR - ISBN 978-3-86833-150-9

Erhältlich im Buchhandel oder direkt beim Verlag.

Modo Press
Frankfurt a. M.
www.modo-press.de

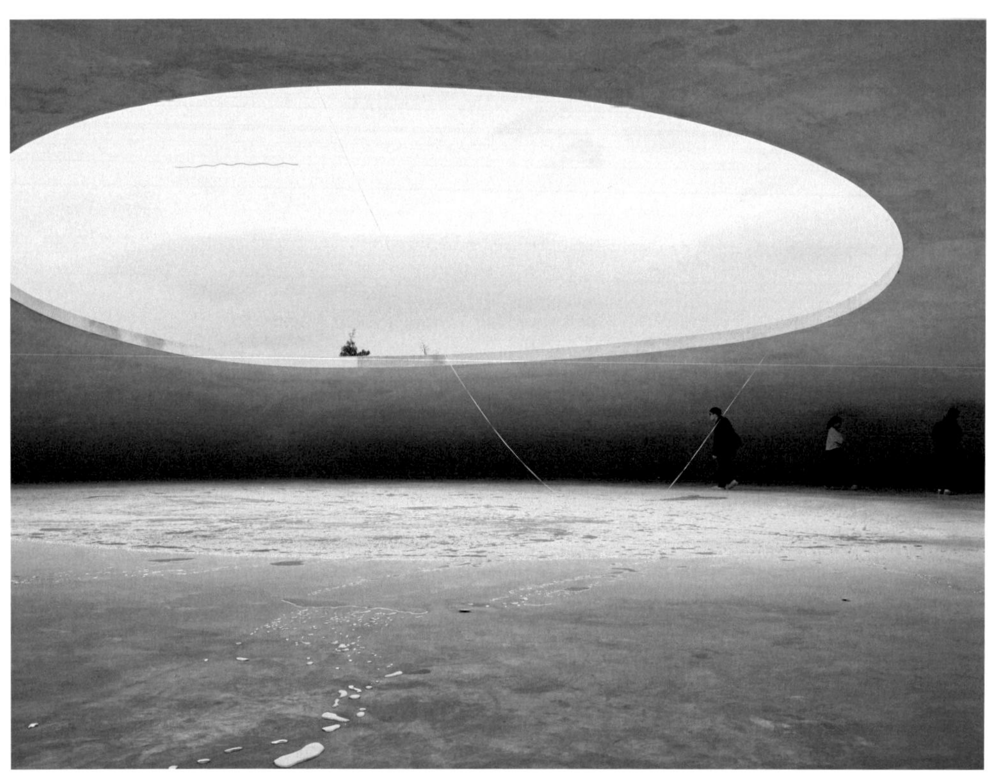

52. Teshima Art Museum

gung ist dabei eher ein Rollen als ein Fließen, manchmal ist es auch so, als zöge ein Tropfen seinen durchsichtigen Körper hinter sich her. Auch können Tropfen zusammenfinden und, derart vergrößert, schneller werden. Manche dieser unregelmäßigen und weichen Gebilde bleiben auf dem Betonboden einfach stehen, zumindest für eine Weile. Andere verschwinden, als sauge der Boden sie auf, während neue aus dem Boden hervorkommen. Es ist ein unendliches Spiel, dem man selbstvergessen zuschauen kann.

Was könnte einfacher sein als dieses Wasserspiel der Künstlerin Rie Naito? Und doch ist alles darin – Bewegung und Ruhe, Erscheinen und Verschwinden, Form, die eine Weile hält und sich dann umbildet. In diesem Spiel ist die ganze Natur. In der Wasserkunst, in der Weite der Betonschale, ist sie anschaulich geworden.

Über den Autor

Günter Figal lebte und arbeitete als Philosoph. Von 1989 bis 2002 war er Professor für Philosophie an der Universität Tübingen, von 2002 bis 2017 Ordinarius für Philosophie an der Universität Freiburg im Breisgau. Zahlreiche Gastprofessuren, u. a. an der Kwansei Gakuin Universität in Nishinomiya, als Inhaber des Kardinal-Mercier-Lehrstuhls an der Universität Leuven, als Gadamer Distinguished Visiting Professor am Boston College, als Inhaber des International Chair of Philosophy Jacques Derrida an der Universität Turin, an der Universität Salzburg und an der East China Normal University in Shanghai. Seine Manuskripte und Korrespondenzen werden seit 2015 vom Deutschen Literaturarchiv in Marbach am Neckar archiviert.

Das vorliegende Werk hat Günter Figal Ende Dezember 2023 mit einer letzten Korrektur der Druckfahnen abgeschlossen. Es erscheint bis auf wenige notwendige, aber geringfügige Korrekturen ohne weitere Eingriffe posthum im Frühjahr 2024.

Bücher (Auswahl):
Vieldeutigkeit. Zur ästhetischen Umstellung der Philosophie (2023); Ästhetik der Architektur (2021); Japan im Westen. Kengo Kumas Meditation House im Kranzbach (2020); Gefäße als Kunst. Erfahrungen mit japanischer Keramik (2019); Philosophy as Metaphysics. The Torino Lectures (2019); Gegenständlichkeit. Das Hermeneutische und die Philosophie. 2. überarbeitete Auflage (2018); Ando. Raum Architektur Moderne (2017); Freiräume. Phänomenologie und Hermeneutik (2017); Unwillkürlichkeit. Essays über Kunst und Leben (2016); Martin Heidegger zur Einführung. 7. vollständig überarbeitete Auflage (2016); Unscheinbarkeit. Der Raum der Phänomenologie (2015); Simplicity. On a Bowl by Young-Jae Lee / Einfachheit. Über eine Schale von Young-Jae Lee (2014); Martin Heidegger. Phänomenologie der Freiheit. Revidierte und ergänzte Neuauflage (2013); Kunst. Philosophische Abhandlungen (2012); Erscheinungsdinge. Ästhetik als Phänomenologie (2010); Verstehensfragen. Studien zur phänomenologisch-hermeneutischen Philosophie (2009); Nietzsche. Eine philosophische Einführung (1999); Der Sinn des Verstehens (1997).

Personen

Tempel, Gärten, Museen

Orte

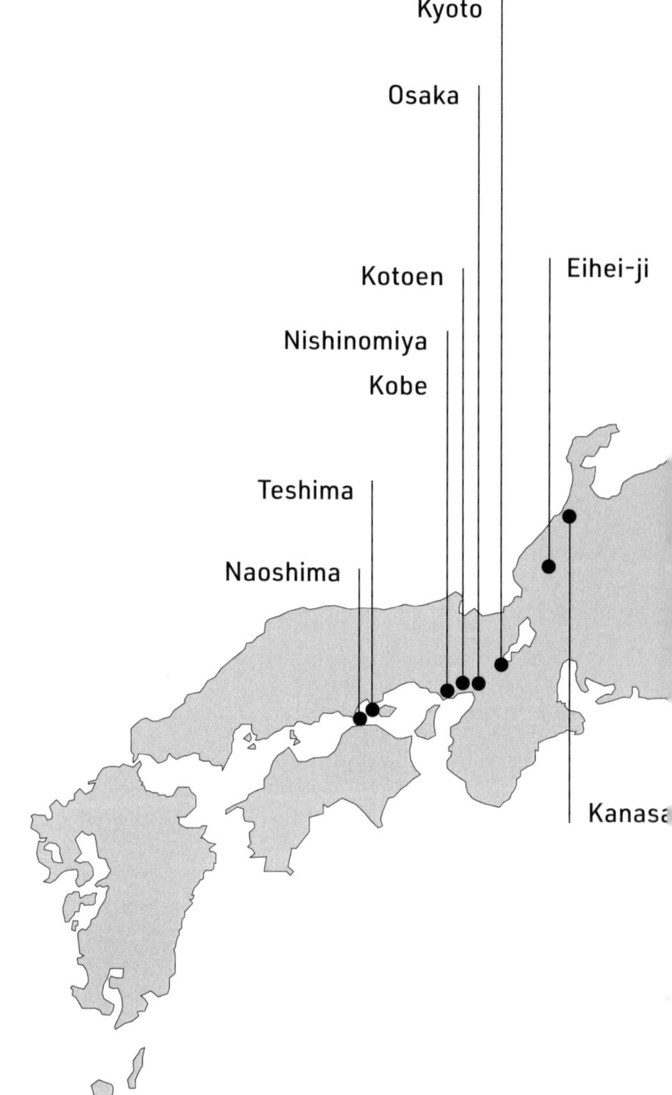
Kyoto
Osaka
Kotoen
Eihei-ji
Nishinomiya
Kobe
Teshima
Naoshima
Kanasa

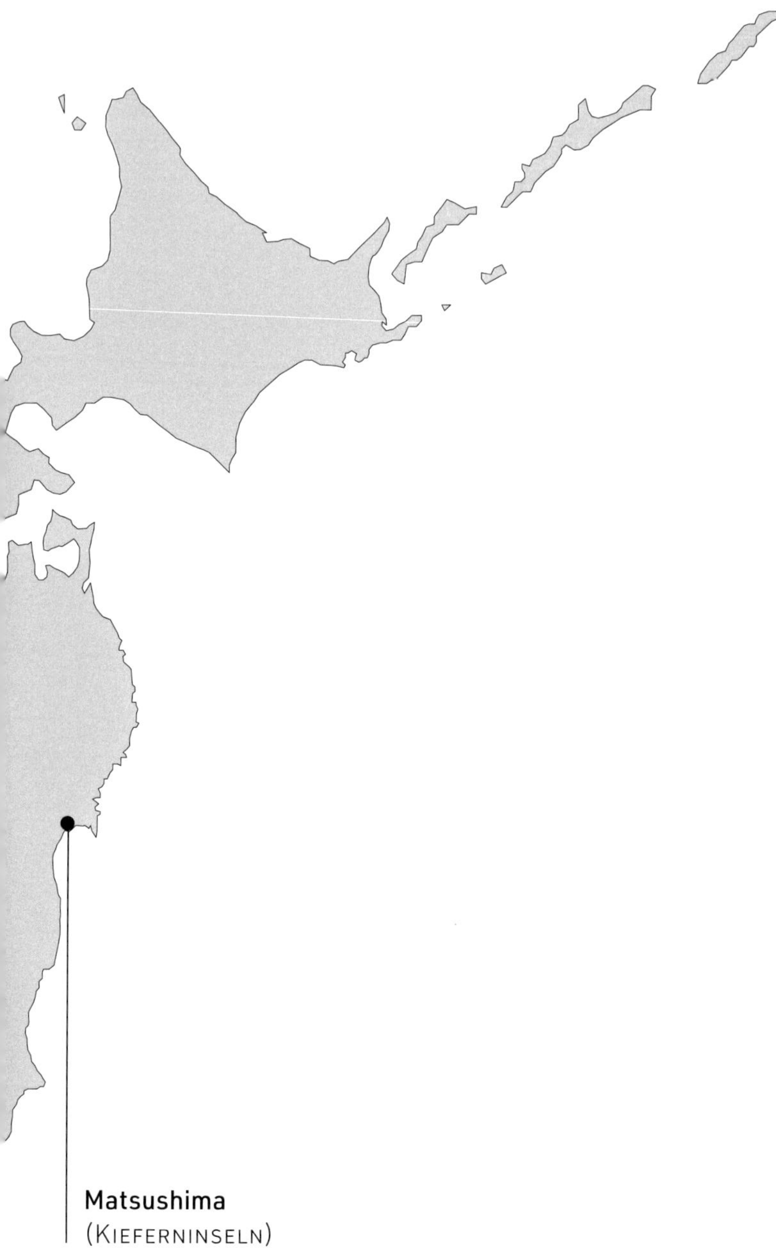

kyo

Impressum

Fotografie:
Günter Figal

Bildbearbeitung:
Bernhard Strauss, Freiburg i. Br.

Lektorat:
Katharina Gewehr, Frankfurt a. M.

Gestaltung:
Dieter Weber, Freiburg i. Br.

Satz:
Caroline Baranski

Produktion:
DZA Druckerei zu Altenburg GmbH, Altenburg

Die Deutsche Nationalbibliothek verzeichnet diese Publikation in der Deutschen Nationalbibliografie: dnb.de.

Modo Press, Frankfurt a.M.
www.modo-press.de

Printed in Germany
ISBN 978-3-86833-333-6

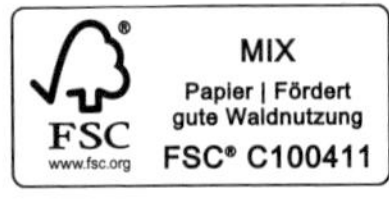

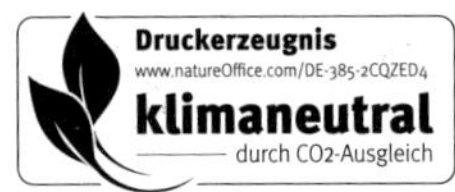